Vereinigung wissenschaftlicher Verleger
Walter de Gruyter & Co., Berlin W 10.

Neu erschienen:

# Kommentar zur Vermögens- und Mehreinkommensteuer 1919

Von

**Ludwig Buck** und **Dr. Rudolf Lucas**
Regierungsrat in Düsseldorf — Rechtsanwalt in Düsseldorf

Erster Teil:

Vermögenszuwachs- und Mehreinkommensteuer (Mehrgewinnsteuer)

1920. Groß-Oktav. Preis M. 17.—, geb. M. 20.—

Dem Bedürfnis der Praxis nach einer erschöpfenden Erläuterung der neuen Steuergesetze wird durch den vorliegenden Kommentar in vollkommener Weise entsprochen. Der Ruf der Verfasser, die auf dem Gebiete des Steuerrechts hervorragend tätig sind, bietet die beste Gewähr für eine zweckdienliche sachgemäße Bearbeitung des komplizierten Stoffes.

**Ein ausführlicher Kommentar zum Notopfergesetz wird in Kürze erscheinen.**

---

## Erbschaftssteuergesetz

Mit Ausführungsbestimmungen. Text-Ausgabe ohne Anmerkungen mit Sachregister — Preis M. 4.—

## Grunderwerbsteuergesetz

mit den Ausführungsbestimmungen. Erläutert von Geheimem Oberjustizrat Otto Lindemann. (Deutsche Reichsgesetze Nr. 139.) — Preis M. 6.—

## Umsatzsteuergesetz

mit vorläufigen Ausführungsanweisungen. Textausgabe mit ausführlichem Sachregister. — Preis M. 3.—

## Reichsnotopfer

Text-Ausgabe mit ausführlichem Sachregister.

Preis M. 1.50

## Reichsabgabenordnung

nebst Einführungsverordnung und Gesetz über die Steuernachsicht mit erläuternder Einleitung und Sachregister.

Geb. M. 9.—

Genossenschaftliche Zeit- und Streitfragen.
Begründet von
Ludwig Parisius und Dr. Hans Crüger,
fortgeführt von
Heft 17. Dr. Hans Crüger. Heft 17.

# Steuerrecht und Genossenschaften

Erster Teil:

## Kreditgenossenschaften.

Von

**Dr. jur., Dr. oec. publ. E. H. Meyer,**
Rechtsanwalt, Syndikus des Allgemeinen Verbandes
der deutschen Erwerbs- und Wirtschaftsgenossenschaften.

Berlin und Leipzig 1920.
Vereinigung wissenschaftlicher Verleger
Walter de Gruyter & Co.
vormals G. J. Göschen'sche Verlagshandlung / J. Guttentag, Verlagsbuchhandlung
Georg Reimer / Karl J. Trübner / Veit & Comp.

# Inhalt.

# Einleitung.

# Das Steuergesetzgebungswerk.

Die gesamte Steuergesetzgebung befindet sich zurzeit in der Umgestaltung, die finanziellen Nöte des Reiches haben eine Vermehrung aller Steuererträgnisse notwendig gemacht und die Inanspruchnahme neuer Steuerquellen erfordert. Um ein leichteres Aufbringen der Steuer herbeizuführen, war es weiter notwendig, eine einheitliche Steuerverwaltung für die gesamten Steuererträgnisse, die dem Reiche zufließen, zu schaffen.

Mit dieser Umgestaltung des materiellen und formellen Steuergesetzgebungsrechtes war verbunden eine Vereinheitlichung auf dem bislang sehr verschiedenen Gebiete der Steuergesetzgebung, eine Vereinheitlichung, die im Interesse auch der Steuerpflichtigen durchaus zu begrüßen ist.

In den gesamten Steuergesetzen sind angesichts der gesunkenen Steuermoral Verstöße gegen die Steuergesetze mit hohen Strafen bedroht. Es ist daher für alle Steuerpflichtigen, schon allein um hohe Vermögens- und gegebenenfalls auch Freiheitsstrafen zu vermeiden, notwendig, sich ausgiebig mit dem neuen Gesetzgebungswerk zu befassen. Diese Pflicht trifft vor allem auch die Leiter von juristischen Personen.

Bei dem Umfang des zurzeit schon vorliegenden Gesetzgebungswerks ist es für die einzelnen Steuerpflichtigen sehr schwierig, diejenigen Bestimmungen herauszulesen, die gerade für sie in Betracht kommen. Diese Aufgabe soll den Genossenschaften das vorliegende Heft erleichtern. In den Heften „Steuerrecht und Genossenschaften" gelangen alle die Bestimmungen aus den bereits vorliegenden neuen Steuergesetzen zur Erörterung, welche für die Genossenschaften, vornehmlich für die Kreditgenossenschaften, in Betracht kommen.

Das Steuergesetzgebungswerk ist noch nicht ganz zum Abschluß gekommen; es konnte aber mit der Veröffentlichung nicht gewartet werden bis die gesamten Steuergesetze zur Verabschiedung gelangen, da das Verlangen nach einem Führer für die bereits vorliegenden Gesetze allgemein war. Folgende Steuergesetze sind bereits zur Verabschiedung gelangt:

Außerordentliche Kriegsabgabe für das Rechnungsjahr 1919, Kriegsabgabe vom Vermögenszuwachs, Grunderwerbssteuergesetz, Tabaksteuergesetz, Zündwarensteuergesetz, Spielkartensteuergesetz, Erbschaftssteuergesetz, Kapitalfluchtgesetz und zahlreiche Kapitalfluchtverordnungen, Reichsabgabenordnung, Gesetz über Steuernachsicht, Reichsnotopfer und Umsatzsteuergesetz.

Zur Beratung stehen zurzeit noch:

Das Reichseinkommensteuergesetz, das Kapitalertragsteuergesetz, das Körperschaftssteuergesetz und Landessteuergesetz.

Von den bereits angenommenen Gesetzen scheiden für die Kreditgenossenschaften das Zündwaren- und Tabaksteuergesetz und Spielkartensteuergesetz aus.

Die noch zur Beratung stehenden Steuergesetze, vor allem das Körperschaftssteuergesetz und das Kapitalertragssteuergesetz, sind für die Kreditgenossenschaften von maßgebender Bedeutung. Diese Steuergesetze werden in einem weiteren Heft ihre Darstellung finden samt etwaigen Ausführungsbestimmungen, die in der Zwischenzeit zu den bereits ergangenen Steuergesetzen erlassen werden sollten.

# Erster Abschnitt.

# Formelle Steuergesetze.

## Erster Titel:

## Reichsabgabenordnung.

### § 1. Allgemeines.

Reichsabgabenordnung vom 13. Dezember 1919. (Reichsgesetzblatt 1919, Nr. 242, S. 1993.)
In Kraft getreten am 14. 12. 1919.
Verordnung zur Einführung der Reichsabgabenordnung vom 18. Dezember 1919. (Reichsgesetzblatt 1919, Nr. 242, S. 2101.)

Die Reichsabgabenordnung (RAO.) soll zusammenfassen, was die Reichssteuergesetze an mehr oder minder gemeinsamen Vorschriften enthalten. Darüber hinaus soll sie die Grundlage schaffen, daß diese Gesetze, vor allem auch die neuen Gesetze, die noch in Kraft treten, gleichmäßig durchgeführt werden. Die Reichsabgabenordnung hat Geltung an sich nur für die nach der Reichsabgabenordnung ergangenen Gesetze. Für die anderen ist in der Reichsabgabenordnung besondere Regelung vorgesehen.

Der Ausbau der Steuergesetzgebung und die Häufung der Steuergesetze zwingt zu einheitlichen Grundsätzen des Steuerrechts. Diese Erwägungen führen ohne weiteres zu dem Ergebnis, daß sich die Regelung auch auf die Behörden zu erstrecken hat durch Schaffung einer reichseigenen Steuerverwaltung. So regelt die Reichsabgabenordnung auch diese. Die Reichsabgabenordnung bildet somit die Ergänzung der eigentlichen Steuergesetze nach der formellen Seite. Ihre Kenntnis ist für alle Steuerpflichtigen notwendig, ganz abgesehen davon, daß sie auch ganz bestimmte allgemeine Pflichten für Steuerpflichtige und dritte Personen schafft, deren Unkenntnis Strafe nach sich zieht.

Die Reichsabgabenordnung enthält 463 Paragraphen. Das Gesetz ist übersichtlich aufgebaut. Die Bestimmungen sind auch für den Laien klar und gut verständlich abgefaßt. Streitfragen bei den einzelnen Bestimmungen werden sich allerdings nicht vermeiden lassen.

Vor allem die Kreditgenossenschaften werden sich mit den einzelnen Bestimmungen der Reichsabgabenordnung vertraut zu machen haben, drängt doch die ganze neuere Steuergesetzgebung immer mehr dazu, die Kreditinstitute mit in den Dienst der Steuerverwaltung bei der Erfassung steuerpflichtigen Vermögens einzuspannen.

## § 2. Behörden.

Behörden (§§ 8 bis 50 RAO.).

Die Regelung der reichseigenen Steuerverwaltung war bei der Beratung der Reichsabgabenordnung zunächst vorweg zur Beratung gestellt worden, um noch vor dem 1. Oktober 1919 die Schaffung der Organisation durchzuführen. Die §§ 8 bis 50 des Entwurfs der Reichsabgabenordnung waren vorweg verabschiedet worden als Gesetz über die Reichsfinanzverwaltung vom 10. September 1919 (Reichsgesf.=Bl. 1919, Nr. 176, S. 1591). Dieser Teil des Gesetzes ist dann mit kleinen Änderungen wieder in die Reichsabgabenordnung eingegliedert worden und bildet jetzt ihren ersten Teil.

Die Steuern werden von den Reichsbehörden verwaltet (Finanzbehörden), § 8 RAO. Die oberste Leitung steht dem Reichsminister der Finanzen zu. Unter ihm stehen die Landesfinanzämter, unter diesen die Finanzämter. Die Bezirke der Landesfinanzämter decken sich tunlichst mit den Ländern oder mit größeren Verwaltungsbezirken der Länder (§ 11 RAO.). Für das Rechtsmittel der Berufung sind ihnen Finanzgerichte angegliedert. Bei den Gerichten werden Kammern gebildet. Die Kammern entscheiden in der Besetzung von fünf Mitgliedern, von denen drei im Ehrenamt tätig sind. Von diesen soll eins möglichst dem Berufs- oder dem Erwerbszweige des Steuerpflichtigen angehören.

Die Bezirke der Finanzämter oder deren Hilfsstellen sollen sich durchweg mit den Kreisen decken.

Für die Verwaltung der Steuern vom Einkommen und Vermögen ausschließlich der Erbschaftssteuer sind bei den Finanzämtern Ausschüsse zu bilden, die bei der Veranlagung mitwirken. Bei der Bildung der Ausschüsse ist darauf zu sehen, daß die verschiedenen Arten des Vermögens und Einkommens vertreten sind. Die Ausschußmitglieder werden von den Organen der Selbstverwaltung gewählt. Die Kreditgenossenschaften werden also darauf bedacht zu nehmen haben, möglichst auch Vertretungen in diesen Ausschüssen zu finden.

Oberste Spruchbehörde in Steuersachen ist künftighin der Reichsfinanzhof in München, der schon durch Gesetz vom 22. Juli 1918 geschaffen worden ist (§ 32 ff. RAO.).

## § 3. Besteuerung.

I. Allgemeine Vorschriften.

a) Örtliche Zuständigkeit: Wenn das Gesetz eine juristische Person, also auch eine Kreditgenossenschaft, für steuerpflichtig erklärt, so ist, soweit nichts anderes vorgeschrieben ist, das Finanzamt zuständig, in dessen Bezirk der Ort der Leitung liegt (§ 52 des Ges.).

Wenn das Gesetz die Steuerpflicht auf das Eigentum an einem Grundstück oder den Übergang des Eigentums an einem Grundstück gründet, so ist das Finanzamt zuständig, in dessen Bereich das Grundstück liegt.

b) Fristen und Zustellung: Für die Berechnung der Fristen gelten die Vorschriften des BGB. Fristen zur Einlegung eines Rechtsmittels sind Ausschlußfristen. Mit Ablauf der Frist ist die Einlegung des Rechtsmittels verwirkt. Die Zustellung erfolgt nach den Bestimmungen der CPO. über Zustellung von Amts wegen.

c) Verfügungen: Verfügungen (Entscheidungen, Beschlüsse, Anordnungen) der Behörden für einzelne Personen werden dadurch wirksam, daß sie demjenigen zugehen, für den sie ihrem Inhalt nach bestimmt sind (Bekanntgabe). Öffentliche Bekanntgabe oder Auslegung von Listen genügt, wo sie nach den Steuergesetzen zugelassen ist. Zustellung ist nur erforderlich, wo sie ausdrücklich vorgesehen ist. Einem Anwesenden kann eine Verfügung mündlich bekannt gegeben werden; auf Verlangen ist ihm eine Abschrift der Verfügung zu erteilen (§ 7 des Ges.).

d) Der Steueranspruch: Steuerpflichtig im Sinne der Reichsabgabenordnung ist, wer nach den Steuergesetzen eine Steuer als Steuerschuldner zu entrichten hat. Die Vorschriften für die Steuerpflicht gelten sinngemäß für diejenigen Personen, die nach den Steuergesetzen neben den Steuerpflichtigen oder an deren Stelle persönlich für die Steuer haften.

Die Steuerschuld entsteht, sobald der Tatbestand verwirklicht ist, an den das Gesetz die Steuer knüpft. Daß es zur Feststellung der Steuerschuld noch der Festsetzung des Betrages bedarf, schiebt die Entstehung nicht hinaus. Wird eine Frist für die Bezahlung einer Steuerschuld gesetzt, so wird die Steuerschuld, soweit nichts anderes vorgeschrieben ist, mit Ablauf der Frist fällig.

e) Vertretung juristischer Personen und Haftung des Vorstandes: Die gesetzlichen Vertreter juristischer Personen und solcher Personen, die geschäftsunfähig oder in der Geschäftsfähigkeit beschränkt sind, haben alle Pflichten zu erfüllen, die den Personen, die sie vertreten, obliegen; insbesondere haben sie dafür zu sorgen, daß die Steuern aus den Mitteln, die sie verwalten, entrichtet werden. Für Geldstrafen und Sicherungsgelder, die gegen sie erkannt, und für Kosten von Zwangsmitteln, die gegen sie festgesetzt werden, haften neben ihnen die von ihnen vertrenen Personen (§ 84 RAO.).

Bei Liquidation einer Kreditgenossenschaft haben die Liquidatoren dafür zu sorgen, daß Mittel zur Bezahlung der vorher entstandenen Steuerschulden zurückgehalten und diese Steuerschulden bezahlt werden. Auf Verlangen ist Sicherheit zu leisten (§ 76 RAO.).

Die Kreditgenossenschaften können sich in Steuersachen durch ihren Revisions- und Zentralverband vertreten lassen (§ RAO.). Die Vorstandsmitglieder haften insoweit persönlich neben dem Steuerpflichtigen, als durch schuldhaftes Verletzen der ihnen auferlegten Pflichten, Steueransprüche verkürzt oder Erstattungen oder Vergütungen zu Unrecht gewährt worden sind. Zur Geltendmachung dieser Ersatzansprüche bedarf es übrigens der Zustimmung des Landesfinanzamtes. (§ 90 RAO.). Umgekehrt haftet die Kreditgenossenschaft auch, wenn ihr Vorstand bei Ausübung seiner Obliegenheiten Steuerhinterziehungen oder Steuergefährdungen begeht, für die verkürzte Steuereinnahme, und für die zu Unrecht gewährte oder belassenen Steuervorteile (§ 92 RAO.).

Das Finanzamt ist befugt, den Vorstand einer Kreditgenossenschaft zur Erfüllung der ihm obliegenden Verpflichtungen anzuhalten und gegebenenfalls diejenigen, die neben dem Steuerpflichtigen oder an dessen Stelle für die Steuer haften, in Anspruch zu nehmen.

f) Zahlung der Steuer — Sicherheitsleistung: Wird eine Zahlung, die nach den Steuergesetzen zu leisten ist, nicht rechtzeitig entrichtet, so sind grundsätzlich 5% Verzugszinsen von der Fälligkeit an zu zahlen.

§ 108 des Gesetzes enthält einen Härteparagraphen und bestimmt, daß in gewissen Fällen die Steuer aus Billigkeit erlassen werden kann. Das Gesetz gibt im § 109 genau an, auf welche Weise ein Steuerpflichtiger Sicherheit für geschuldete Beträge leisten kann. Über diese Möglichkeiten hinaus kann der Reichsfinanzminister bestimmen, inwieweit als Sicherheitsleistungen auch zugelassen werden können: Wechsel und Zahlungsversprechen, die von zahlungsfähigen Personen ausgestellt sind oder durch taugliche Bürgen § 113 RAO.). Damit werden auch Kautionswechsel der Kreditgenossenschaften zugelassen werden können. Das Finanzamt darf sich übrigens auch darüber hinaus mit anderen Sicherheiten begnügen, insbesondere mit der Annahme von gesperrten Sparkassenbüchern.

g) Verjährung: Die Verjährungsfrist beträgt bei Zöllen und Verbrauchssteuern ein Jahr, bei den Ansprüchen auf die übrigen Steuern und auf die Sicherheiten nach dem Gesetze gegen die Steuerflucht fünf Jahre, einerlei, ob die Steuer bereits festgesetzt oder veranlagt ist. Letzterer Zustand unterbricht nur die Verjährung (§ 124 RAO.). Bei hinterzogenen Beträgen läuft die Verjährung 10 Jahre. Die Verjährung beginnt mit Ablauf des Jahres, in dem der Anspruch entstanden ist.

h) Erstattungs- und Vergütungsansprüche: Die ganze Frage, wann Steuern zurückerstattet werden müssen, ist auch durch die Bestimmungen der Reichsabgabenordnung nicht allgemein geklärt. Die Reichsabgabenordnung gibt nur wenige Vorschriften. Wann eine Steuer zurückverlangt werden kann, richtet sich nach den Vorschriften der einzelnen Steuergesetze.

## II. Wertermittlung.

a) Allgemeine Vorschriften: In der Begründung zur Reichsabgabenordnung ist darüber folgendes ausgeführt:

Die allgemeinen Vorschriften bestimmen zunächst, daß, wenn nichts anderes bestimmt ist, der gemeine Wert maßgebend sei und bei jeder wirtschaftlichen Einheit der Wert im ganzen ermittelt werden soll, § 137. Bei Ermittlung des gemeinen Wertes soll alles berücksichtigt werden, was den Preis beeinflußt; nur ungewöhnliche und lediglich persönliche Verhältnisse sind auszuscheiden, § 138.

Diese Vorschriften, die dem Besitzsteuergesetz entsprechen, weichen von denen der §§ 39 ff. des Handelsgesetzbuches ab.

Nach den §§ 39 und 40 des Handelsgesetzbuchs hat der Kaufmann bei Aufstellung des Inventars und der Bilanz von dem Werte der einzelnen Vermögensgegenstände auszugehen, wenn er auch dabei die Gesamtlage des Unternehmens berücksichtigen darf oder muß. Dabei pflegt er Gebrauchsgegenstände nicht mit dem gemeinen Werte, sondern mit den Gestehungskosten unter Berücksichtigung der Abnutzung einzusetzen. Das Steuerrecht kann auf diese Grundsätze verweisen, wie dies bei Ermittelung des Einkommens aus Handel und Gewerbe unter gewissen Einschränkungen geschehen ist. Abgesehen von diesen Fällen liegt die Sache für das Steuerrecht anders, da es grundsätzlich darauf ankommt, den gemeinen Wert einer wirtschaftlichen Einheit, also z. B. des gesamten kaufmännischen Unternehmens, im ganzen zu erfassen. Die einzelnen Gegenstände, die zu dem Unternehmen gehören, bilden nur Rechnungsposten in der Gesamtrechnung. Das schließt natürlich nicht aus, daß sie, wie z. B. börsengängige Wertpapiere, die zu einem Unternehmen gehören, auch in der Gesamtrechnung mit ihren Einzelwerten berücksichtigt werden, aber der Ausgangspunkt ist verschieden und führt in der Regel zu verschiedenen Ergebnissen. So ist es handelsrechtlich unzulässig, sogenannte immaterielle Werte — Firmen, Kundschaft, Warenzeichen, Erfindungen, durch Reklame erreichter Ruf usw. — zu berücksichtigen, es sei denn, daß Aufwendungen dafür gemacht worden sind, und sogar in diesem Falle pflegt der ordentliche Kaufmann diese Lasten möglichst schnell abzuschreiben. Steuerrechtlich liegt die Sache wesentlich anders. Schon bei der Einkommensteuer, die doch gerade auf die handelsrechtliche Buchführung verweist, ist es anerkannten Rechtens, daß solche Abschreibungen nur zulässig sind, wenn sie durch Wertminderung gerechtfertigt werden. Erst recht gilt dies, wenn es sich nicht um die Ermittelung des Einkommens, d. h. des kaufmännischen Gewinns, sondern um die Bewertung des Unternehmens handelt. Die Erfahrung lehrt täglich, wie viel für solche immateriellen Werte bei Veräußerung eines Geschäfts gezahlt wird; deshalb müssen sie auch steuerrechtlich, z. B. bei der Besitzsteuer oder der Erbschaftssteuer, berücksichtigt werden. Eine wesentlich andere Frage ist, wie weit man in der Praxis hierin gehen will. Es wird geboten sein, nur das, was sicher erzielt werden kann, als gemeinen Wert anzusetzen. Dabei wird dem Ermessen des Steuerpflichtigen ein weiter Spielraum zu lassen sein, und das Finanzamt wird davon nicht abgehen dürfen, wenn es sich auf das sachverständige Urteil erfahrener Berufsgenossen stützen kann.

Wichtig für die Kreditgenossenschaften ist die Bewertung von Forderungen und Wertpapieren.

**Wertpapiere, die in Deutschland einen Kurswert haben, sind mit dem Kurswert, Forderungen, die in das Schuldbuch einer öffentlichen Körperschaft eingetragen sind, mit dem Kurswerte der entsprechenden Schuldverschreibungen der öffentlichen Körperschaft anzusetzen.**

Für Aktien ohne Kurswert, Kuxe oder Anteile an einer Bergwerksgesellschaft oder einer Gesellschaft mit beschränkter Haftung, hat das nach § 52 zuständige Finanzamt den Verkaufswert zu ermitteln und ihn Steuerpflichtigen und Finanzämtern auf Anfrage mitzuteilen. Fehlt es an genügenden Merkmalen, so ist der gemeine Wert unter Berücksichtigung des Gesamtvermögens und der Ertragsaussichten der Gewerkschaft oder Gesellschaft zu schätzen (§ 141 RAO.).

Für bestimmte Tage können die Steuerkurse der zum Börsenhandel zugelassenen und die Steuerwerte anderer Wertpapiere sowie den in § 141 Abs. 2 bezeichneten Gewerkschafts- und Geschäftsanteile festgesetzt werden.

Die Steuerkurse der zum Börsenhandel zugelassenen Wertpapiere werden von den Börsenvorständen, die Steuerwerte anderer Wertpapiere und der Gewerkschafts- und Gesellschaftsanteile werden von Sachverständigenausschüssen ermittelt, die der Reichsminister der Finanzen beruft. Auf Grund dieser Ermittlungen setzt der Reichsminister der Finanzen die Steuerkurse und Steuerwerte vorläufig fest und veröffentlicht sie. Nach Ablauf eines Monats, vom Tage der Veröffentlichung der vorläufigen Festsetzung gerechnet, setzt der Reichsrat die Steuerkurse und Steuerwerte endgültig fest. Die so festgesetzten Kurse und Werte treten an die Stelle der in § 151 bezeichneten Werte.

In den Fällen der §§ 141 und 142 Abs. 1 und 2 kann der Steuerpflichtige bei Wertpapieren, die mit Gewinnanteilscheinen gehandelt werden, einen Betrag abziehen, der für die seit der Auszahlung des letzten Gewinns verstrichene Zeit dem zuletzt verteilten Gewinn entspricht; dies gilt nicht, wenn auch der laufende Gewinnanspruch bewertet werden muß.

Andere als die in § 141 bezeichneten Kapitalforderungen sowie Schulden sind mit dem Nennwert anzusetzen, sofern nicht besondere Umstände einen höheren oder geringeren Wert begründen.

Unbeitreibbare Forderungen bleiben außer Ansatz.

Der Wert unverzinslicher, befristeter Forderungen oder Schulden ist gleich einem Betrage, der mit angemessenen Jahreszinsen bis zur Fälligkeit die Forderung oder Schuld ergibt.

b) Bewertung von Grundstücken: Bei der Bewertung der Grundstücke ist im allgemeinen der gemeine Wert zugrunde zu legen. In einigen Fällen, z. B. bei Steuern vom Vermögen einschließlich der Erbschaftssteuer und wo dieses in den Steuergesetzen vorgeschrieben ist, wird bei Grundstücken, die dauernd land- oder forstwirtschaftlichen Zwecken, sowie bei bebauten Grundstücken, die Wohnzwecken oder gewerblichen Zwecken zu dienen bestimmt sind und bei denen die Bebauung und Benutzung der ortsüblichen Bebauung und Benutzung entspricht, der Ertragswert zugrunde gelegt. Es sind bestimmte Grundsätze für die Berechnung des Ertragswertes aufgestellt (§ 152 RAO.).

In jedem Lande soll ein Verzeichnis über den Wert der Grundstücke angelegt und dauernd auf dem Laufenden gehalten werden. Die mit der Führung dieser Verzeichnisse betrauten Landesbehörden haben die gleichen Befugnisse bei der Ermittlung des Steuerwertes wie die Finanzämter bei Ermittlung der Steuer.

## § 4. Pflichten der Steuerpflichtigen und anderer Personen.

a) Allgemeine Vorschriften: Das Gesetz stellt im § 162 bestimmte Vorschriften für die Führung von Büchern im Interesse der Steuerverwaltung auf. Da die Genossenschaften schon nach den bestehenden Gesetzen zur Führung solcher Bücher verpflichtet sind, enthalten die Bestimmungen für sie keine Besonderheiten. Die nach den Bestimmungen geführten Bücher haben die Vermutung ordnungsgemäßer Führung für sich.

Wichtig ist der § 165 RAO., der das Verbot der fingierten Konten bringt.

Niemand darf auf einen falschen oder erdichteten Namen für sich oder einen anderen ein Konto errichten oder Buchungen vornehmen lassen, Wertsachen (Wertpapiere, Geld oder Kostbarkeiten) offen oder verschlossen hinterlegen oder verpfänden oder sich ein Schließfach geben lassen. Das Verbot gilt auch für den eigenen Geschäftsbetrieb. Das Finanzamt kann im einzelnen Ausnahmen gestatten.

Wird die Errichtung eines Kontos, die Annahme von Wertsachen zur Hinterlegung oder Verpfändung oder die Überlassung eines Schließfachs beantragt, so hat die Bank, die Sparkasse, der Kaufmann oder wer sonst dem Antrage entsprechen will, sich über die Person des Verfügungsberechtigten zu vergewissern. Vor- und Zuname und Wohnung des Verfügungsberechtigten sind einzutragen, bei Frauen auch der Mädchenname. Anträgen, die für Sammlungen oder dergleichen gestellt werden, ist nur zu entsprechen, wenn natürliche oder juristische Personen als verfügungsberechtigt bezeichnet werden.

Stellt sich später heraus, daß die Vorschrift des ersten Absatzes verletzt ist, so dürfen das Guthaben, die Wertsachen oder der Inhalt des Schließfachs nur mit Zustimmung des Finanzamts an den Antragsteller oder seinen Rechtsnachfolger herausgegeben werden; auch sonstige Verfügungen darüber bedürfen dieser Zustimmung. Wer vorsätzlich oder fahrlässig dieser Vorschrift zuwiderhandelt, haftet, soweit dadurch Steueransprüche oder Verfallerklärungen vereitelt oder beeinträchtigt werden.

Zuwiderhandlungen gegen diesen Paragraphen werden mit hoher Geldstrafe belegt. Auch kann auf Einziehung der Vermögenswerte erkannt werden, auf die sich die Zuwiderhandlung bezieht. Rechte dritter Personen an diesen eingezogenen Vermögenswerten erlöschen, wenn sie den Sachverhalt bei Erwerb der Rechte gekannt haben. Das Verbot der Errichtung fingierter Konten ist übernommen aus der Steuerfluchtgesetzgebung. Der Erlaß des Reichsfinanzministeriums, nach dem sich dieses Verbot nicht auf den reinen Sparbücherverkehr bezieht, hat für die Reichsabgabenordnung keine Giltigkeit mehr.

b) Pflichten der Steuerpflichtigen: Bei Steuererklärungen (Erklärungen, die nach Vorschrift der Gesetze oder Ausführungsbestimmungen als Unterlage für die Festsetzung einer Steuer dienen) hat der Steuerpflichtige zu versichern, daß er die Angaben nach bestem Wissen und Gewissen gemacht hat. Die Erklärungen sind nach Form und Inhalt so abzugeben, wie es das Finanzamt nach den Gesetzen und Ausführungsbestimmungen vorschreibt.

Bei Genossenschaften gilt der Vorstand als zur Abgabe der Steuererklärung verpflichtet.

Auf Verlangen hat der Steuerpflichtige vor dem Finanzamte zu erscheinen und ihm wahrheitsgemäß nach bestem Wissen und Gewissen Auskunft zu geben. Kann er nicht aus dem Gedächtnis Auskunft geben, so hat er Schriftstücke und Geschäftsbücher, die ihm zur Verfügung stehen, einzusehen und, soweit nötig, Aufzeichnungen daraus zu entnehmen.

Das Finanzamt kann schriftliche Auskunft verlangen (§ 172 RAO.).

Auf Verlangen hat der Steuerpflichtige die Richtigkeit seiner Steuererklärung nachzuweisen. Wo seine Angaben zu Zweifeln Anlaß geben, hat er sie zu ergänzen, den Sachverhalt aufzuklären und seine Behauptungen, soweit ihm dies nach den Umständen zugemutet werden kann, zu beweisen, zum Beispiel den Verbleib von Vermögen, das er früher besessen hat.

Er hat Aufzeichnungen, Bücher und Geschäftspapiere sowie Urkunden, die für die Festsetzung der Steuer von Bedeutung sind, auf Verlangen zur Einsicht und Prüfung vorzulegen (§ 173 RAO.).

Das Finanzamt soll die Vorlegung von Büchern in der Regel erst verlangen, wenn die Auskunft des Steuerpflichtigen nicht genügt, oder Bedenken gegen deren

Richtigkeit vorliegen. Bücher und Geschäftspapiere sind auf Wunsch des Steuerpflichtigen tunlichst in seiner Wohnung oder seinen Geschäftsräumen einzusehen.

Steuerpflichtige, die Handelsbücher im Sinne des Handelsgesetzbuches führen, haben auf Verlangen eine Abschrift ihrer unverkürzten Bilanzen mit Erläuterungen einzureichen. Wenn sie nach ihrer Buchführung eine Gewinn- und Verlustrechnung aufstellen, so ist auch diese beizufügen (§ 174 RAO.).

Die Beamten der Finanzämter und ihre Beauftragten können Grundstücke und Räume der Steuerpflichtigen betreten, um im Steuerinteresse an Ort und Stelle nötige Abschätzungen innerhalb der üblichen Geschäfts- oder Arbeitsstunden vorzunehmen. Die Steuerpflichtigen haben ihnen jede Auskunft und Nachweisung zu erteilen, deren sie bedürfen.

Wertsachen hat der Steuerpflichtige auf Verlangen vorzulegen und Einsicht in die Verhältnisse zu gewähren oder zu verschaffen, unter denen er sie verwahrt (§ 175 RAO.).

Hierzu sind auch außer den Steuerpflichtigen dritte Personen verpflichtet. Das Verlangen kann aber nur gestellt werden, wenn es erforderlich, um die Wahrheit zu ermitteln oder wenn Gefahr im Verzuge liegt. Das Finanzamt kann alsdann der Bank oder der Stelle, die das Schließfach überlassen hat oder das Depot verwahrt, vorschreiben, dem Steuerpflichtigen während angemessener kurzer Frist nur unter Zuziehung eines vom Finanzamt bezeichneten Beamten Zutritt zum Depot zu gewähren oder das Depot auszuhändigen.

Mit Genehmigung des Landesfinanzamts, die für den einzelnen Fall einzuholen und zu erteilen ist, kann das Finanzamt verlangen, daß der Steuerpflichtige Tatsachen, die er behauptet, durch Versicherung an Eides Statt erhärte.

Eidesstattliche Versicherung soll nur gefordert werden, wenn andere Mittel zur Erforschung der Wahrheit nicht vorhanden sind.

c) Pflichten anderer Personen zur Auskunft, Einsichtgewährung und Gutachten: Auch wer nicht als Steuerpflichtiger beteiligt ist, hat dem Finanzamt über Tatsachen Auskunft zu erteilen, die für die Ausübung der Steueraufsicht oder in einem Steuerermittlungsverfahren für die Feststellung von Steueransprüchen von Bedeutung sind. Die Auskunft ist wahrheitsgemäß nach bestem Wissen und Gewissen zu erteilen. Wer nicht aus dem Gedächtnis Auskunft geben kann, hat Schriftstücke und Geschäftsbücher, die ihm zur Verfügung stehen, einzusehen und, soweit nötig, Aufzeichnungen daraus zu entnehmen. Die Auskunft ist nach Form und Inhalt so zu erteilen, wie es das Finanzamt nach den Gesetzen und Ausführungsbestimmungen vorschreibt.

Die Auskunft soll, soweit dies durchführbar ist und nicht aus besonderen Gründen Abweichungen geboten sind, schriftlich erbeten und erteilt werden; das Finanzamt kann jedoch das Erscheinen des Auskunftpflichtigen anordnen.

Wenn von Behörden, von Verbänden und Vertretungen von Betriebs- oder Berufszweigen, von geschäftlichen oder gewerblichen Unternehmungen, Gesellschaften, Anstalten oder dergleichen Auskunft begehrt wird, ist das Ersuchen, falls nicht bestimmte Personen als Auskunftspersonen in Frage kommen, an den Vorstand oder die Geschäfts- und Betriebsleitung zu richten (§ 177 RAO.).

Die Auskunftserteilung Dritter soll übrigens erst verlangt werden, wenn die Verhandlungen mit dem Steuerpflichtigen selber nicht zum Ziele führen oder keinen Erfolg versprechen.

Auch Auskunftspersonen haben gegebenenfalls ihre Auskunft durch Eid zu bekräftigen.

Wer Auskunft zu erteilen hat, muß gegebenenfalls auch seine Geschäftsbücher vorlegen, aus denen sich der bestimmt bezeichnete Rechtsvorgang ergibt.

Die Pflichten dritter Personen zur Auskunftserteilung greifen übrigens nur subsidär Platz.

d) Anzeigepflicht: Eine der wichtigsten Verpflichtungen der Kreditinstitute ist die kommende Anzeigepflicht nach § 189. Der Paragraph bestimmt:

1. „Öffentliche und private Banken und Zweigniederlassungen von Banken haben dem Finanzamt, in dessen Bezirk sich ihre Niederlassung befindet, ein Verzeichnis ihrer Kunden mitzuteilen und bis zum 30. Juni und 31. Dezember jedes Jahres eintretende Zugänge des Kundenbestandes anzuzeigen. Die Anzeigepflicht beschränkt sich auf Kunden, die im Inland einen Wohnsitz oder dauernden Aufenthalt, einen Sitz oder eine Niederlassung haben, oder Deutsche sind.

2. Das Kundenverzeichnis ist nach dem Stande vom 30. Juni 1919 aufzustellen und mit den Zugängen bis zum 31. Dezember 1919 spätestens am 31. März 1920 einzureichen. Die Zwangslisten sind jedesmal spätestens drei Monate nach Ablauf des Halbjahres einzureichen. In dem Verzeichnis sind anzugeben: Namen (bei natürlichen Personen Vor- und Zunamen), Wohnsitz oder Aufenthaltsort, Sitz oder **Ort der** Niederlassung der Kunden.

3. Kunde im Sinne des Abs. 1, 2 ist, wer bei der Bank Wertsachen (§ 165 Abs. 1), ein verschlossenes Depot, ein Schließfach, ein Guthaben oder ein laufendes Konto hat."

Diese Anzeigepflicht trifft vor allem auch die Kreditgenossenschaften.

Der Reichsfinanzminister kann Erleichterungen zu diesen Vorschriften gewähren. Nach Mitteilungen des Ministeriums werden die Erleichterungen in der Richtung liegen, daß bei dem erstmaligen Verzeichnis die kleinen Konten bis zum Betrage von 3000 Mk. nicht angegeben zu werden brauchen, bei den fortlaufend einzureichenden Verzeichnissen voraussichtlich nicht diejenigen Konten, bei denen innerhalb des Geschäftsjahres nicht mehr als 60.— Mark Zinsen gutgeschrieben worden sind. Es kann damit gerechnet werden, daß die Frist für die Einreichung der Verzeichnisse verlängert wird.*)

---

*) Verordnung inzwischen am 27. 1. 20 ergangen. Die Verzeichnisse sind jährlich einzureichen. Frist ausgedehnt bis 1. Mai 1920.

Die Bestimmungen des § 189 bedeuten die vollständige Durchbrechung des Bankgeheimnisses, erschienen aber gegenüber der ungesunden Steuermoral durchaus notwendig.

Der Reichsminister der Finanzen kann anordnen, daß, wer Rechte, die auf seinen Namen lauten, oder Wertsachen, die er besitzt, als Treuhänder, Vertreter eines andern oder Pfandgläubiger hat, dies dem Finanzamt auf öffentliche Aufforderung unter Bezeichnung des Berechtigten mitzuteilen hat, also auch wenn eine Kreditgenossenschaft ein Wertpapier als Pfand auf eigenen Namen aufbewahrt als Unterlage für einen eingeräumten Kredit.

e) Steueraufsicht: Die Bestimmungen über die Steueraufsicht werden vor allen Dingen wichtig bei der Umsatzsteuer. Sie sind somit auch für Kreditgenossenschaften, die auch für gewisse Umsätze dieser Steuer unterliegen, wichtig. Es bestehen aber neben den allgemeinen Bestimmungen der Reichsabgabenordnung noch wichtige Sondervorschriften in den einzelnen Gesetzen.

Den Aufsichtsbeamten ist jede für die Steueraufsicht oder zu statistischen Zwecken erforderliche Auskunft über den Betrieb zu erteilen, auch sind ihnen bei ihren Amtshandlungen die Hilfsmittel (Geräte, Beleuchtung usw.) zu stellen und die nötigen Hilfsdienste zu leisten.

Den Oberbeamten des Aufsichtsdienstes sind die Geschäftsbücher und die Schriftstücke über Herstellung und Absatz von steuerpflichtigen Erzeugnissen auf Erfordern zur Einsicht vorzulegen.

Wenn die Finanzämter befugt sind, zu prüfen, ob Bücher, Aufzeichnungen und Verzeichnisse wie vorgeschrieben geführt und vorgeschriebene Bescheinigungen ausgestellt werden, können ihre Beamten und die von ihnen beauftragten Personen die Geschäftsräume in den üblichen Geschäftsstunden betreten und diese Prüfung vornehmen. Die Steuerpflichtigen und ihre Angestellten haben ihnen jede Auskunft und Nachweisung zu erteilen, deren sie für die Prüfung bedürfen, und ihnen alle für die Prüfung in Betracht kommenden Schriftstücke zur Einsicht vorzulegen.

f) Zwangsmittel und Sicherungsgelder: Die Finanzämter können Anordnungen, die sie bei Ermittlung von Steueransprüchen oder Durchführung der Steueraufsicht innerhalb ihrer gesetzlichen Befugnisse treffen, durch Geldstrafen, Ausführung auf Kosten der Pflichtigen und unmittelbar erzwingen.

Die einzelne Geldstrafe darf 500 Mark nicht übersteigen.

Unmittelbarer Zwang darf nur angewandt werden, wenn die Anordnung sonst nicht durchführbar ist oder Gefahr im Verzuge liegt.

Gegen öffentliche Behörden sind Zwangsmittel nicht zulässig.

Bevor ein Zwangsmittel festgesetzt wird, muß der Pflichtige unter Androhung des Zwangsmitttels mit Setzung einer angemessenen Frist zur Vornahme der von ihm geforderten Handlung aufgefordert werden. Die Aufforderung und die Androhung müssen schriftlich geschehen, außer wenn Gefahr im Verzuge ist.

## § 5. Ermittlungs- und Festsetzungsverfahren, Rechtsmittel.

### 1. Ermittlung und Festsetzung der Steuer.

Das Finanzamt hat die steuerpflichtigen Fälle zu erforschen und von Amts wegen die tatsächlichen und rechtlichen Verhältnisse zu ermitteln, die für die Steuerpflicht und die Bemessung der Steuer wesentlich sind. Es hat Angaben der Steuerpflichtigen auch zugunsten der Steuerpflichtigen zu prüfen.

Hier greifen also vor allen Dingen die Bestimmungen über die Pflichten der Steuerpflichtigen und dritter Personen Platz.

a) Nach Abschluß seiner Ermittlungen stellt das Finanzamt die Steuer fest. Soweit es die Besteuerungsgrundlagen nach seinen Ermittlungen nicht feststellen oder berechnen kann, hat es sie zu schätzen; dabei sind alle Umstände zu berücksichtigen, die für die Schätzung von Bedeutung sind.

Zu schätzen ist insbesondere dann, wenn der Steuerpflichtige über seine Angaben keine ausreichenden Aufklärungen zu geben vermag oder weitere Auskunft oder eine Versicherung an Eides Statt verweigert. Das gleiche gilt, wenn der Steuerpflichtige Bücher oder Aufzeichnungen, die er nach den Steuergesetzen zu führen hat, nicht vorlegen kann.

Wenn eine Schätzung notwendig geworden ist, weil der Steuerpflichtige Verpflichtungen, die ihm durch die Steuergesetze auferlegt sind, schuldhaft nicht genügt hat und dies im Steuerbescheide festgestellt worden ist, ist wegen der Höhe der Schätzung nur die Beschwerde an das Landesfinanzamt zulässig.

b) Steuerbescheide, die nach den Steuergesetzen schriftlich zu erteilen sind, müssen die Höhe der Steuer enthalten.

Sie sollen ferner enthalten:

1. eine Belehrung, welches Rechtsmittel zulässig ist und binnen welcher Frist und bei welcher Behörde es einzulegen ist,
2. die Grundlagen der Festsetzung und Veranlagung, soweit sie dem Steuerpflichtigen nicht schon mitgeteilt sind,
3. eine Anweisung, wo, wann und wie die Steuer oder Sicherheit zu entrichten ist,
4. die Punkte, in denen von der Steuererklärung abgewichen worden ist.

Die Steuerbescheide sind verschlossen zuzustellen.

Im Rechtsmittelverfahren ist diese Angabe gegebenenfalls nachträglich zu machen.

c) Wenn nichts Abweichendes vorgeschrieben ist, sind Nachforderungen von Steuern bis zum Ablauf der Verjährungsfrist zulässig.

Eine Neuveranlagung darf nicht auf eine nach Entstehung des Steueranspruches erlassene Entscheidung des Reichsfinanzhofes gegründet werden, in der die Steuerpflicht im Gegensatz zu einer früheren, einen gleichen Tatbestand betreffenden höchstrichterlichen Entscheidung bejaht wird (§ 212 RAO.).

Danach ist künftig nicht mehr zulässig, Steuern oder Stempel auf Grund der Änderung der Rechtsprechung nachzufordern, wie dies bislang vielfach geschehen ist.

### 2. Rechtsmittel.

Das ganze Rechtsmittelverfahren ist jetzt sehr vereinfacht: Gegen Steuerbescheide ist als Rechtsmittelverfahren gegeben, soweit es sich nicht um Zölle und Verbrauchsabgaben handelt das Berufungsverfahren, soweit es sich um Zölle und Verbrauchsabgaben handelt das Anfechtungsverfahren.

a) Im Berufungsverfahren sind gegeben:
gegen die Entscheidung des Finanzamts oder einer Hilfsstelle des Finanzamts: der Einspruch; über ihn entscheidet das Finanzamt;
gegen die Einspruchsentscheidung des Finanzamts: die Berufung; über sie entscheidet das Finanzgericht;
gegen die Berufsentscheidung des Finanzgerichts: die Rechtsbeschwerde; über sie entscheidet der Reichsfinanzhof.

b) Im Anfechtungsverfahren sind gegeben:
gegen die Entscheidung des Finanzamts oder einer Hilfsstelle des Finanzamts: die Anfechtung; über sie entscheidet das Landesfinanzamt;
gegen die Anfechtungsentscheidung des Landesfinanzamts: die Rechtsbeschwerde; über sie entscheidet der Reichsfinanzhof.

c) Die Rechtsbeschwerde kann übrigens nur auf Verstöße gegen Rechtsbestimmungen und wesentliche Verfahrensmängel gestützt werden. Neben diesem Rechtsmittel verbleibt für die sonstigen Verfügungen der Steuerbehörde die Beschwerde. Zur Einlegung der Beschwerde ist jeder befugt, der durch eine Verfügung beeinträchtigt wird.

Den ordentlichen Gerichten sind die Steuersachen jetzt endgültig entzogen. Die Frist für Einlegung eines Rechtsmittels beträgt allgemein einen Monat.

d) Die Rechtsmittel können schriftlich eingereicht oder zu Protokoll erklärt werden. Es genügt, wenn aus dem Schriftstück hervorgeht, wer das Rechtsmittel eingelegt hat. Einlegung durch Telegramm ist zulässig. Die Rechtsmittel sind bei der Geschäftsstelle der Behörde einzubringen, deren Bescheid angefochten wird. Die Anbringung bei der zur Entscheidung berufenen Stelle (Rechtsmittelbehörde) oder einer Vorinstanz genügt; das Rechtsmittel ist der zuständigen Stelle zu übermitteln.

Ein Rechtsmittel gilt als eingelegt, wenn aus dem Schriftstück oder aus der Erklärung hervorgeht, daß sich der Erklärende durch die Entscheidung beschwert fühlt und Nachprüfung begehrt.

Bei der Einlegung soll die Entscheidung bezeichnet werden, gegen die das Rechtsmittel gerichtet ist. Es soll angegeben werden, inwieweit die Entscheidung angefochten und ihre Aufhebung beantragt wird. Ferner sollen die Tatsachen, die zur Begründung dienen, und die Beweismittel angeführt werden (§ 234 RAO.).

Bei der Entscheidung über ein Rechtsmittel ist über die Kosten des Verfahrens zu befinden. Ist dies unterblieben, so ist die Entscheidung zu ergänzen (§ 284 RAO.).

### 3. Beitreibung.

a) Wird eine Steuer geschuldet, so kann das Finanzamt die Vermögens- und Einkommensverhältnisse des Steuerpflichtigen ermitteln. Gegebenenfalls ist er verpflichtet, den Offenbarungseid darüber zu leisten.

Die Leistungen, die nach den Steuergesetzen geschuldet werden, können im Verwaltungsweg erzwungen werden.

b) Bei Personenvereinigungen, die als solche steuerpflichtig sind, erfolgt das Zwangsverfahren in das Vermögen der Personenvereinigung. Das Zwangsverfahren ist entsprechend den Vorschriften der CPO. gestaltet. Zugrunde gelegt sind im wesentlichen die Vorschriften der Preußischen Verordnung vom 15. November 1899 betr. das Verwaltungszwangsverfahren wegen Beitreibung von Amts wegen. Diese Verordnung beruht auf den Vorschriften der CPO.

c) Zur Sicherung von Ansprüchen ist gegebenenfalls der dingliche und persönliche Arrest zulässig.

## § 6. Strafrecht und Strafverfahren.

### a) Allgemeines Steuerstrafrecht.

1. Steuerzuwiderhandlungen im Sinne dieses Gesetzes sind strafbare Verletzungen von Pflichten, die die Steuergesetze im Interesse der Besteuerung auferlegen.

Als Steuerzuwiderhandlung gilt auch eine dem Täter oder Teilnehmer gewährte Begünstigung.

2. Wenn in Betrieben von juristischen Personen oder Personenvereinigungen Steuerzuwiderhandlungen begangen werden, kann da, wo das Gesetz die Strafe für verwirkt erklärt, ohne daß ein Verschulden einer natürlichen Person festgestellt zu werden braucht, die Geldstrafe gegen die juristische Person oder Personenvereinigung selber erkannt und diese in die Kosten des Strafverfahrens verurteilt werden.

Die Strafe richtet sich in diesem Falle gegen die juristische Person selber, nicht gegen die Vertreter der juristischen Person. Für Steuerhinterziehungen gelten die strafrechtlichen Bestimmungen der einzelnen Steuergesetze.

3. Im allgemeinen kann bei Steuerhinterziehungen, wenn nichts anderes bestimmt ist, auf Geldstrafe von 50 000 bis zu einer Million Mark oder neben einer Gefängnisstrafe von mindestens drei Monaten auf Verlust der bürgerlichen Ehrenrechte erkannt werden. Zulässig ist die Untersagung eines Betriebes bei wiederholten Ehrenstrafen.

Tätige Reue durch eine nachträgliche Berichtigung macht vielfach straffrei.

4. Wenn der Vorstand einer Genossenschaft bei Ausübung der Steuerpflicht für die Genossenschaft Steuerzuwiderhandlungen begeht, so haftet die Genossenschaft für die Geldstrafe, die diese Personen verwirkt haben, für die Kosten des Strafverfahrens und die Strafvollstreckung, die ihnen auferlegt werden. Ebenso haften Vorstandsmitglieder für ihre Angestellten, wenn diese Steuerzuwiderhandlungen begehen, sofern sie bei der Auswahl und Beaufsichtigung dieser Person ein Verschulden trifft.

### b) Steuerstrafverfahren.

1. Das Gesetz knüpft an den bestehenden Zustand an und geht zurück vor allem auf das preußische Gesetz vom 26. Juli 1897. Das Steuerstrafverfahren

zerfällt in zwei Teile. Einmal in das Verwaltungsstrafverfahren und zum anderen in das Gerichtsverfahren. Grundsätzlich gilt, soweit nichts anderes bestimmt ist, die Strafprozeßordnung.

2. Grundsätzlich sind die Finanzämter in allen Sachen zur Untersuchung berufen. Sie können durch Strafbescheid entscheiden, wenn nur auf Geldstrafe, Einziehung oder öffentliche Bekanntmachung erkannt werden soll. Auf Freiheitsstrafen können sie nicht erkennen.

3. Zu einem gerichtlichen Verfahren kommt es erst, wenn entweder der Beschuldigte auf gerichtliche Entscheidung angetragen hat oder wenn das Finanzamt die Sache an die zuständige Staatsanwaltschaft abgegeben hat. Der Reichsminister der Finanzen ist übrigens befugt, von der Einleitung und Durchführung eines Verwaltungsstrafverfahrens abzusehen und im Verwaltungsstrafverfahren erkannte Strafen zu erlassen. Auch die Finanzämter können von der Einleitung einer Untersuchung absehen, wenn eine Hinterziehung nicht in Frage kommt und das Verschulden des Täters geringfügig ist.

### § 7. Übergangsvorschriften.

§§ 444—463. In diesen Paragraphen wird einmal die Überführung der alten Gesetzesbestimmungen in die neuen geregelt, insonderheit auch die Überführung der alten Befugnisse der alten Finanzbehörden auf die neuen. Ausführlicher regelt diese Fragen die Einführungsverordnung vom 18. 12. 1919.

Wichtig ist die Bestimmung über den § 448, nach der die Vorschriften über Verjährung auch für die vor Inkrafttreten der RAO. entstandenen, noch nicht verjährten Ansprüche gelten.

Die bestehenden Steuerbehörden übernehmen die Funktionen der Finanzämter und Landesfinanzämter. Bis zur vollständigen Ausführung des neuen Rechtszustandes bleiben die alten Gesetzesbestimmungen subsidiär bestehen.

Die bereits bestehenden Steuergesetze werden der Reichsabgabenordnung angepaßt. Bestimmte einzelne Bestimmungen in den verschiedenen Steuergesetzen, die mit der Reichsabgabenordnung nicht im Einklang stehen, sind ausdrücklich aufrecht erhalten worden.

## Zweiter Titel.

## Steuer und Kapitalfluchtgesetzgebung.

### § 8. Entwicklung der Steuer und Kapitalfluchtgesetzgebung.

I. Die Steuer- und Kapitalflucht hat zu zahlreichen gesetzgeberischen Maßnahmen geführt, die teilweise in überstürzender Weise ohne genaue Nachprüfung der tatsächlichen Verhältnisse das Abfließen deutschen Kapitals ins Ausland verhindern sollten. Das ganze Gesetzgebungswerk hat sich von Maßnahme zu Maßnahme immer wieder als ungenügend erwiesen. Immer wieder war es notwendig, durch

Nachtragsverordnung die Löcher zu verstopfen, durch die die Kapitalien mit Hilfe gewandter Schieber in das Ausland flüchteten. Die Aufgabe zur Verhinderung der Kapital- und Steuerflucht wurde dabei weitgehend in die Hand der Kreditinstitute gelegt, die dabei vor allem zu Organen der Steuerverwaltung geworden sind.

Es ist vielfach sehr schwierig festzustellen, welche von den sich häufenden Gesetzen, Verordnungen und Anweisungen heute noch in Kraft sind.

Nur ein kurzer historischer Überblick über die Entwicklung der Steuerfluchtgesetzgebung vermag die Kreditgenossenschaften über das Nebeneinander dieser Bestimmungen aufzuklären, und läßt Hand in Hand damit die Feststellung zu, welche der einzelnen Bestimmungen heute noch in Kraft sind.

II. Die Steuerfluchtgesetzgebung setzte ein mit dem Gesetz gegen die Steuerflucht vom 26. 7. 18 (Reichsgesetzblatt 1918, Seite 951):

Alle Personen, die ihren Wohnsitz in das Ausland dauernd verlegen wollten, mußten danach 20 % ihres Vermögens als Sicherheit für die schuldigen und ev. noch kommenden Kriegssteuern hinterlegen. (Maßnahmen gegen die subjektive Steuerflucht.)

Dieses Gesetz ist erweitert worden durch Gesetz zur Ergänzung des Gesetzes gegen die Steuerflucht vom 26. 7. 18 vom 24. 6. 19 (Reichsgesetzblatt 1919, Seite 583). Dieses Gesetz erhöht die zu stellende Sicherheit auf 50% und läßt das Verlangen zur Sicherstellung auch zu, wenn nur der Verdacht subjektiver Steuerflucht gegeben ist.

Das Gesetz enthielt in § 4 eine Blankettvollmacht, für den Finanzminister anzuordnen:

1. Alle Kreditinstitute sind anzeigepflichtig für die Konten, die seit dem 1. August 1918 bei ihnen errichtet sind.

2. Alle Kreditinstitute sind grundsätzlich auskunftspflichtig.

Von dieser Ermächtigung hat der Finanzminister durch Verordnung vom 24. 6. 19 (Reichsgesetzbl. 1919, Seite 584) Gebrauch gemacht für alle die Gebiete, die voraussichtlich mit dem Inkrafttreten des Friedensvertrages abgetreten werden müssen.

Einige Nachträge hierzu sind ergangen.

Diese Verordnungen haben teilweise durch die Durchführung der Abtretung der Gebiete praktisch ihren Wert verloren, teilweise sind sie durch Einführung der Reichsabgabeordnung aufgehoben.

Die objektive Steuerflucht, Abwanderung der Kapitalien in das Ausland, suchte die Verordnung der Volksbeauftragten über „Maßnahmen gegen die Kapitalabwanderung in das Ausland vom 21. 11. 18, RG. 1918, S. 1325, zu verhindern.

Diese Verordnung bestimmte:

1. Wertpapiere dürfen nur durch Vermittlung der Banken nach dem Ausland versandt oder überbracht werden, nach Vorlage eines entsprechenden Affidavits.

2. Banken dürfen Gutschriften für Ausländer nur vornehmen gegen Vorlage eines Affidavits.

3. Anlagen auf fingierte Konten sind verboten.

Die Verordnung ist ergänzt und erweitert worden durch die Verordnung vom 15. 1. 19 (Verordnung zur Ergänzung der Verordnung über die Maßnahmen gegen die Kapitalabwanderung in das Ausland vom 21. 11. 18 (Reichsgesetzblatt 19, Seite 43).

1. Sind Wertpapiere vom 1. 7. bis 23. 11. 18 ohne Vermittlung der Banken ins Ausland verbracht worden, so muß davon Anzeige an das Besitzsteueramt gemacht werden.

2. Soweit durch Banken die in der Hauptverordnung unter 1 und 2 erwähnten Geschäfte ausgeführt sind innerhalb der Zeit vom 1. 7. 18 bis 23. 11. 18 ist eine besondere Erklärung an das Besitzsteueramt nachzubringen.

3. Das Verbot fingierter Konten ist ausgedehnt auf solche Konten, die vor dem 23. 11. 18 errichtet sind.

Diese Verordnung erstreckte sich somit auch auf die Vergangenheit.

Es folgte das Kapitalfluchtgesetz vom 8. 9. 19 (Reichsgesetzblatt 1919, Seite 1540).

Danach dürfen:

1. Zahlungsmittel nur durch Vermittlung der Banken nach dem Ausland verbracht werden,

2. der Finanzminister erhält eine Blankettvollmacht,

   a) Maßnahmen zur steuerlichen Erfassung geflüchteten oder versteckten Vermögens zu treffen,

   b) Vorschriften über den Geschäftsbetrieb der Banken zu erlassen.

Von beiden Vollmachten hat der Finanzminister Gebrauch gemacht. Von der ersteren durch Erlaß der Verordnung vom 24. 10. 19 über Maßnahmen gegen die Kapitalflucht (RG. 1919, Nr. 206, Seite 1820), die den Depotzwang gebracht hat.

Von der zweiten Vollmacht hat der Finanzminister Gebrauch gemacht durch Verordnung vom 14. 1. 20, Maßnahmen gegen die Kapitalflucht (RG. 1920, Nr. 10, S. 50), welche

1. eine Konzessionspflicht für Geldinstitute schafft,

2. die Vorschriften über die Geschäfte mit Ausländern erweitert und genauer regelt.

## § 9. Konzessionspflicht und Untersagung von Bankbetrieben.

Die meisten Verordnungen und Gesetze gegen die Steuer- und Kapitalflucht richten sich an die Banken. Unter Banken im Sinne dieser Verordnungen gelten alle Personen und Unternehmungen einschließlich der Sparkassen und Genossenschaften, die gewerbsmäßig (oder geschäftsmäßig) Bank- und Bankiergeschäfte betreiben.

## I. Konzessionspflicht für den Betrieb von Depot- und Depositengeschäften.

1. Depot- und Depositengeschäfte dürfen bis 31. 12. 1924 nur von solchen Banken usw. betrieben werden, die

a) der Anmeldepflicht gemäß § 76 des Reichsstempelgesetzes unterliegen;

Wer im Inlande Geschäfte betreibt, die der Anschaffung und der Darleihung von Geld dienen, hat das Geschäftsunternehmen nebst sämtlichen Zweigstellen anzumelden, auch wenn Steuerfreiheit vorliegt, wie bei Kreditgenossenschaften. die ihren Geschäftsbetrieb auf den Kreis ihrer Mitglieder beschränken.

b) dieser Anmeldepflicht bis 8. 9. 19 (Inkrafttreten des Kapitalfluchtgesetzes) genügt haben.

2. Ausnahmen können die Landeszentralbehörden im Einverständnis mit dem Finanzminister zulassen für eingetragene Genossenschaften, die

a) mit ihrem Geschäftsbetrieb nicht über den Kreis der Mitglieder hinausgehen und

b) einem Revisionsverbande im Sinne des Genossenschaftsgesetzes angeschlossen sind.

Entsprechende Anträge sind seitens der in Betracht kommenden Genossenschaften an die Landeszentralbehörden zu richten.

a) Diese Erleichterung kommt zugute alle den Kreditgenossenschaften, die z. B. die Anmeldung auf Grund des § 76 bis zu dem angegebenen Termin versäumt haben, im übrigen aber die obenerwähnten Bedingungen erfüllen.

b) Nach diesen Ausnahmebestimmungen können auch nach dem 14. 1. 20 neugegründete Genossenschaften, wenn sie die erwähnten Bedingungen erfüllen, die fraglichen Geschäfte betreiben.

Genossenschaften, die am 14. 1. 20 noch nicht eingetragen waren und

a) mit ihrem Geschäftsbetrieb über den Kreis der Mitglieder hinausgehen oder

b) einem Revisionsverbande nicht angeschlossen sind, sind damit von den fraglichen Geschäften ausgeschlossen, ihre Neugründung für diese Geschäfte daher nicht möglich.

Auf die Gründnug von Zweigstellen findet die Verordnung keine Anwendung.

3. Welche Geschäfte fallen unter diese Verordnung?

a) Depotgeschäfte im Sinne dieser Verordnung sind die Verwahrung und Verwaltung von Wertpapieren, die nach der Auffassung des Verkehrs als Effekten angesehen werden, für andere, sowie die Überlassung von Schrankfächern, und die Verwahrung von verschlossenen Depots.

Dem Depotgeschäft wird gleichgestellt die Einräumung eines Anspruchs auf Lieferung von Wertpapieren, die der Gattung und Zahl nach bestimmt sind (Gutschrift auf Stückekonto), wenn der Anspruch nicht binnen 10 Tagen nach Fälligkeit erfüllt wird.

Die Annahme von Wertpapier gilt nicht als Depotgeschäft, wenn sie nur zum Zwecke der Abwicklung von Wertpapierverkaufs- oder Ankaufsaufträgen erfolgt und die Wertpapiere nicht länger als 10 Tage im Besitze des Auftragnehmers bleiben.

b) Depositengeschäfte.

Im Sinne dieser Verordnung gilt die Verwahrung und Verwaltung von Geldbeträgen für andere, insbesondere die Annahme von Geldbeträgen zur Verzinsung.

Die Annahme von Geldbeträgen gilt nicht als Depositengeschäft, wenn die Geldbeträge bei der Ausführung von Wertpapier-Ankaufs- oder Verkaufsaufträgen nur zum Zwecke der Abwicklung von Wechselgeschäften oder sonstigen Bankgeschäften, außer Depot- und Depositengeschäften, angenommen werden und nicht länger als 10 Tage gutgeschrieben werden.

Die erwähnten Geschäfte dürfen daher vom 14. 1. 20 ab nur noch von den zugelassenen Kreditinstituten getätigt werden. Andere Geschäfte, die die gleichen wirtschaftlichen Zwecke verfolgen, können durch Verfügung des Reichsfinanzministers diesen Geschäften gleichgestellt werden.

II. Banken usw., deren Geschäftsbetrieb zu einer Verurteilung wegen vorgesetzlicher Zuwiderhandlung gegen die verschiedenen Steuer- und Kapitalfluchtverordnungen geführt haben und denen gegenüber weitere Tatsachen vorliegen, welche die Annahme rechtfertigen, daß sie keine Gewähr für die Erfüllung der ihnen durch die vorerwähnten Vorschriften übertragenen Aufgaben bieten, kann der Geschäftsbetrieb durch Verfügung des Landesfinanzamtes ganz oder in bezug auf bestimmte Geschäftszweige untersagt werden. Es sind besondere Bestimmungen hierzu zu erlassen. (§ 8 der Verordnung vom 24. 10. 19, § 12 der Verordnung vom 14. 1. 20.)

Soweit an Stelle der Steuerfluchtverordnungen Bestimmungen der Reichsabgabeordnung getreten sind, sind diese Bestimmungen sinngemäß anzuwenden.

## § 10. Couponsgeschäft und Depotzwang.

### Geschäfte mit inländischen Wertpapieren.

a) Couponseinlösung von inländischen Wertpapieren.

Für die Couponseinlösung von inländischen Wertpapieren besteht auf Grund der Verordnung vom 24. 10. 19, seit 1. 12. 19 der Depotzwang.

Zinsscheine, Dividendenscheine, ausgeloste, gekündigte oder fällige Stücke von inländischen Wertpapieren können von Banken usw. ab 1. 12. 19 seitens Nichtbankiers nur dann zur Einlösung, Gutschrift oder Beleihung angenommen werden, wenn sie bei der Bank hinterlegt sind, und zwar das ganze Wertpapier, oder Gewinnanteilzinsbogen mit dem Erneuerungsschein.

Da nach § 189 Reichsabgabenordnung die Kreditinstitute ein Verzeichnis ihrer Kunden an die Finanzämter einzureichen haben, werden damit die Besitzer der Wertpapiere den Finanzämtern bekannt.

1. Wertpapier. Es ist im Einzelfall genau zu prüfen, ob es sich um ein Wertpapier im technischen Sinne handelt. Hausanteilscheine von Konsumvereinen z. B. werden im allgemeinen keine Wertpapiere sein.

2. Wenn das Wertpapier nicht mit Zinsscheinen ausgestattet ist, können die Scheine wie bisher eingelöst werden.

3. Bei Hinterlegung im Sinne der Verordnung kann es sich nur um ein offenes Depot handeln. Die Hinterlegung in geschlossenen Depots oder Schrankfächern erfüllt die Bedingung nicht.

Die Hinterlegung braucht nicht auf Dauer erfolgt zu sein. Es genügt, wenn das Wertpapier bei der Einlösung hinterlegt war. Es kann nach der Einlösung wieder zurückgenommen werden. Es muß aber eine Hinterlegung im Sinne des Depotgesetzes erfolgt sein. Die Kreditgenossenschaft muß das Hinterlegungsgeschäft in üblicher urkundlicher Weise ersichtlich machen, z. B. durch Eintragung in das Depotbuch (§ 1 des Depotgesetzes).

4. Die Einlösung ist auch nicht zulässig, wenn die Kreditgenossenschaft sich als Einlösungsstelle bezeichnet.

b) Die Verordnung trifft nicht zu und ist die Einlösung, Gutschrift und Beleihung zulässig wie bisher:

1. Wenn es sich um ausländische Stücke handelt. Maßgebend, ob ein Papier ausländisch ist, entscheidet sich nicht nach der Währung, sondern bei Schuldverschreibungen nach dem Wohnsitz des Schuldners, bei Aktien nach dem Sitz der Gesellschaft. Danziger Stadtanleihen z. B. gelten jetzt auch als ausländische Wertpapiere.

2. Bei Verkehr von Kreditgenossenschaften zur Bank.

Genossenschaften können die Coupons, die sie von ihren Kunden eingelöst haben, bei einer Großbank oder den maßgebenden Einlösungsstellen einlösen, ohne daß sie dort die Wertpapiere hinterlegen. Ebenso können sie die Coupons ihrer eigenen Effektenbestände einlösen. Diese Freiheit des Verkehrs von Bank zu Bank bezieht sich nur auf den Verkehr mit inländischen Banken, für den Verkehr mit ausländischen Banken gelten andere Bestimmungen (vgl. unten).

c) Erleichterungen von der Verordnung: Nach § 5 der Verordnung kann der Finanzminister Erleichterungen gewähren. Er hat davon in folgenden Fällen Gebrauch gemacht:

1. „Nach Ziffer 2 der Zeichnungsbedingungen der deutschen Sparprämienanleihe von 1919 sind von den auf den Preis für jedes Sparprämienstück einzuzahlenden deutschen Reichsanleihen die mit Januar-Julischeinen ausgestatteten Reichsanleihestücke mit Zinsscheinen, fällig am 1. 7. 20, einzureichen.

Um Schwierigkeiten zu vermeiden, welche den Zeichnern infolge der Vorschrift der Verordnung über die Maßnahmen vom 24. 10. 19 hinsichtlich der Einlösung der Januarscheine der Reichsanleihestücke entstehen könne, genehmige ich auf Grund des § 5 der Verordnung, daß ausnahmsweise die Januarscheine der in Zahlung gegebenen Reichsanleihestücke durch die Annahmestellen von Zeichnungen auf Sparprämienanleihen gegen Vorzeigung der Mitteilung über die zugeteilten Beträge auch ohne Beachtung der Vorschrift vom 24. 10. 19 eingelöst werden dürfen." (Verordnung vom 13. 11. 19.)

2. Zinsscheine der Kriegsanleihe und der Reichsschatzanweisungen mit Fälligkeitstermin vom 2. 1. und 1. 4. 20 können unter der Voraussetzung, daß die zugehörigen Stücke auf Grund der für den Erwerb von Heeresgut geltenden Zahlungsbedingungen in Zahlung gegeben wurden, von jeder Bank ohne Beachtung der Vorschriften der Verordnung vom 24. 10. 19 eingelöst werden, wenn der Einreicher den schriftlichen Nachweis führt,

daß ein entsprechender Betrag von Kriegsanleihe oder von Reichsschatzanweisungen für Rechnung des Reichsverwertungsamtes oder seiner Verkaufsstellen, Kreisgesellschaften, militärischen Dienststellen unmittelbar bei einer solchen Stelle oder bei einer Bank in Zahlung gegeben ist. Als Nachweis gilt die Quittung über die erfolgte Einzahlung, ohne die zu beschaffende Bestätigung der betr. Verkaufsstelle. Die Bank hat auf dem als Beweismittel vorgelegten Schriftstücke, welches dem Einreicher zurückzugeben ist, die erfolgte Einlösung der Zinsscheine zu vermerken. (Verordnung vom 29. 11. 19.)

3. Weiter dürfen Banken Zinsscheine mit Fälligkeitstermin vom 2. 1. 20, welche vor dem 1. 12. 19 an Zahlungsstatt hingegeben wurden, auch unter der Voraussetzung als Einlösung annehmen, daß der Einreicher gleichzeitig mit dem Zinsschein eine Bescheinigung des für ihn zuständigen Finanzamtes vorlegt, die ihn zur Einlösung der Zinsscheine in Abweichung von den Vorschriften der Verordnung ermächtigt. Die Finanzämter sind angewiesen, diese mit dem Dienststempel zu versehenden Bescheinigungen zu erteilen, wenn der Einreicher den Empfang der Zinsscheine an Zahlungs Statt glaubhaft macht. Die Bank hat nach erfolgter Einlösung der Zinsscheine die Bescheinigung des Finanzamtes zu vernichten. (Verordnung vom 29. 11. 19.)

4. Von den Vorschriften der Verordnung werden solche Wertpapiere, welche Eigentum des Reiches, der Länder, Gemeindeverbände, sonstiger öffentlich rechtlicher Körperschaften oder Stiftungen sind, die von öffentlich-rechtlichen Körperschaften unmittelbar verwaltet werden, ausgenommen. Bei der Übernahme von Zins- und Gewinnanteilscheinen sowie von ausgelosten, gekündigten oder zur Zurückzahlung fälliger Stücke solcher Wertpapiere zur Einlösung ist indes in der Weise zu verfahren, daß der Bank jeweils ein summarisches mit Unterschrift und Stempel der Behörde versehenes Verzeichnis Zins- oder Gewinnanteilsscheine übergeben wird. Dieses Verzeichnis ist von der Bank 3 Jahre lang aufzubewahren. (Verordnung vom 22. 11. 19.)

5. Die durch Bekanntmachung vom 29. 11. 19 zur Verordnung vom 24. 10. 19 den Finanzämtern übertragene Befugnis, die Ermächtigung zur Einlösung von Zinsscheinen mit Fälligkeitstermin vom 2. 1. 20 zu erteilen, welche vor dem 1. 12. 19 an Zahlungs Statt hingegeben wurden, wird ohne Rücksicht auf den Fälligkeitstermin allgemein auf Zinsscheine ausgedehnt, die vor dem 1. 12. 19 durch Annahme an Zahlungs Statt oder aus einem sonstigen Grunde ohne die zugehörigen Stücke in das Eigentum des Einreichers übergegangen sind.

Anträge auf Erteilung der Ermächtigung sind unter Angabe der Nummer der Gattung und des Wertbetrages der Zinsscheine an das für den Eigentümer zuständige Finanzamt zu richten. Die Finanzämter sind angewiesen, eine mit dem Dienststempel zu vollziehende Bescheinigung über die Ermächtigung auszustellen, wenn der Einreicher glaubhaft macht, daß er die Zinsscheine an die zugehörigen Wertpapiere vor dem 1. 12. 19 erworben hat.

Die Bank hat, sofern die Bescheinigung über mehrere Zinsscheine mit verschiedenen Fälligkeitsterminen lautet, die Einlösung jeweils auf der Bescheinigung zu vermerken und bei Einlösung des zuletzt fälligen Zinsscheines die Bescheinigung zu vernichten. (Verordnung vom 13. 12. 19.)

d) Ersatz für den Depotzwang. Statt die Wertpapiere bei einer Bank zu hinterlegen, können auch auf andere Weise Einlösungen vorgenommen werden, und zwar:

1. befindet sich das Wertpapier im Ausland oder in Gewahrsam eines Dritten, so kann eine Bank usw. die Ein-

**lösung vornehmen, wenn sie im Besitze eines mit einem Stückverzeichnis versehenen urkundlichen Nachweises (Hinterlegungs-Verpfändungsscheines) über die anderweitige Aufbewahrung des Wertpapieres ist.**

a) Der ausländische oder inländische Verwahrer braucht keine Bank zu sein. Der Kunde hat z. B. seine Wertpapiere einem Privatgläubiger verpfändet.

b) Der Hinterlegungsschein braucht nicht öffentlich beglaubigt zu sein. Nur ein Stückeverzeichnis muß dabei sein.

c) Nach Ansicht des Reichsfinanzministeriums muß der Hinterlegungsschein Gegenstand eines Verwahrungsvertrages im Sinne des Depotgesetzes seitens der einlösenden Bank geworden sein. Die Bank müsse den Schein in das Depotbuch eintragen. Der Einlösende würde Depotkunde. Seine Legitimation wäre wie bei jeder Kontoeröffnung gemäß § 65 Reichsabgabeordnung zu prüfen. Die Ansicht ist bestritten, vor allem, weil das Depotgesetz die Hinterlegung von derartigen Urkunden nicht kennt.

**2. Hat der Eigentümer der Wertpapiere seinen Wohnsitz oder dauernden Aufenthalt im Ausland, und ist er für sein Einkommen aus dem Wertpapierbesitz im Inland nicht steuerpflichtig, so erfolgt die Einlösung nur gegen Einreichung eines Affidavits. Es ist eine eidesstattliche Erklärung:**

daß die Wertpapiere Eigentum des Einlösenden sind, daß er für das Einkommen aus dem Wertpapier in Deutschland nicht steuerpflichtig ist und daß er weiter weder mittelbar noch unmittelbar für Rechnung noch im Auftrag einer dritten Person handelt.

a) Das Affidavit muß in deutscher Sprache aufgestellt sein. Es ist 3 Jahre lang aufzuheben.

b) Das Affidavit muß bei jeder Einlösung neu beigebracht werden.

**3. Die Einlösung darf erfolgen außerhalb des Depotzwanges, wenn der Eigentümer der Kreditgenossenschaft ein mit dem Bestätigungsvermerk des für ihn zuständigen Finanzamtes versehenes Verzeichnis seines Besitzes an Wertpapieren vorlegt, auf dem die Wertpapiere nach Namen, Wert, Gattung und den üblichen Unterscheidungsmerkmalen aufgeführt sind.**

a) Der Eigentümer kann nämlich ein doppeltes Verzeichnis seines Wertpapierbesitzes an das Finanzamt einreichen, von dem er dann eine Ausfertigung mit dem Bestätigungsvermerk zum Zwecke der Einlösung zurückerhält.

b) Die Einlösung kann auch erfolgen gegen Vorlage einer dreifachen Ausfertigung des gesamten Wertpapierbesitzes des Einlösenden. Die Genossenschaft hat dann ein Verzeichnis binnen einer Woche an das für den Kunden zuständige Finanzamt weiterzuleiten, ein Verzeichnis bleibt im Besitz der Genossenschaft, ein Verzeichnis erhält der Kunde zurück.

c) Kontrolle und Strafen bei Verstößen.

1. Die Banken usw. haben gemäß § 189 RAO. ein Verzeichnis ihrer Kunden einzureichen und fortlaufend zu ergänzen.

2. Die Banken unterliegen einer weitgehenden Kontrolle seitens der Landesfinanzämter für alle Verpflichtungen aus der Steuer der Kapitalfluchtgesetzgebung. Dem Prüfungsbeamten sind alle bezüglichen Schriftstücke und erforderlichenfalls auch die hinterlegten Wertpapiere und Geschäftsbücher zur Einsicht vorzulegen.

3. Alle Verstöße gegen den Depotzwang sind mit hohen Strafen belegt. Gegebenenfalls ist Untersagung des Geschäftsbetriebes zulässig.

4. Wer offen oder in versteckter Form durch Anzeigen die Versendung von Drucksachen, Schriften oder in anderer Weise sich gegenüber einem größeren Personenkreis erbietet zum Zwecke der Verletzung oder Umgehung der Kapitalfluchtverordnungen Rat zu erteilen, Beistand zu leisten, wird mit hoher Strafe belegt. (§ 10 der Verordnung vom 24. 10. 19.)

II. Geschäfte mit ausländischen Wertpapieren.

Ausländische Wertpapiere dürfen seitens Banken usw. im Inland an Personen, die nicht gewerbsmäßig Bank- und Bankiergeschäfte betreiben (Nichtbankiers), die nicht Kunden der Bank sind, nur ausgeliefert werden gegen eine Empfangsbescheinigung in zweifacher Ausfertigung (Verordnung vom 14. 1. 20, § 5).

a) Die Verordnung ergänzt die Depotzwangsverordnung, die sich nur auf inländische Wertpapiere bezog. Wenn ein Wertpapier ausländisch ist vgl. oben.

b) Bei dem Verkehr von Bank zu Bank oder im Verkehr mit Kunden der Bank findet die Verordnung keine Anwendung. Sie trifft also das sogenannte „Schaltergeschäft".

c) Die eine Ausfertigung ist von der Bank an das für sie oder ihre Zweigniederlassung zuständige Finanzamt zu senden.

d) Geht die Empfangsbescheinigung oder Anzeige bei der Bank nicht binnen eines Monats ein, so ist die Bank verpflichtet, dem für sie zuständigen Finanzamt Anzeige über die Auslieferung der Wertpapiere zu machen und Abschrift von der Anzeige zurückzubehalten.

e) Die Empfangsbescheinigung oder Anzeige muß Namen, Wohnung des Empfängers, sowie Bezeichnung der Wertpapiere nach ihren wesentlichen Unterscheidungsmerkmalen, Gattung, Nennwert, Stückzahl enthalten. Die Ausfertigung der Empfangsbescheinigung oder Abschrift der Anzeige ist von der Bank 3 Jahre lang aufzubewahren.

## § 11. Auslandsgeschäfte.

I. Die ganze Steuer- und Kapitalfluchtgesetzgebung erstrebt vor allem eine Kontrolle der Auslandsgeschäfte zu erreichen, da hier vor allem die Gefahr der Steuerhinterziehung gegeben ist. In den drei hierfür in Betracht kommenden Verordnungen und Gesetzen vom 21. 11. 18, 8. 9. 19, 14. 1. 20 kehren vielfach die gleichen Bestimmungen wieder.

a) Ausländer im Sinne der Verordnungen sind diejenigen Personen, welche ihren Wohnsitz oder dauernden Aufenthalt im Ausland haben. Ob der Betreffende Ausländer seiner Staatsangehörigkeit nach ist, ist für die Anwendung der Verordnungen gleichgültig. Ausländer z. B., die in Deutschland ihren Wohnsitz haben, gelten nicht als Ausländer im Sinne der Verordnung. Anderseits wohl Deutsche mit Wohnsitz im Ausland. Auch bei vorübergehenden Aufenthalt eines solchen „Ausländers" in Deutschland greifen die Steuerfluchtverordnungen Platz.

b) Die in den Verordnungen näher bezeichneten Geschäfte dürfen seitens der Banken usw. ausgeführt werden, wenn seitens der angegebenen Personen nach einem Muster eine Erklärung abgegeben und der Bank in zwei- oder dreifacher Ausfertigung ausgehändigt wird. Das Muster lautet:

„Ich habe Sie beauftragt, das umstehend angeführte Geschäft für mich auszuführen und versichere hierauf unter Bezugnahme auf die Verordnung vom 21. 11. 18, daß die gemachten Angaben der Wahrheit entsprechen." Unterschrift. Gegenstand des Geschäfts, Zweck des Auftrages usw., sind genau anzugeben.

c) Alle geschäftlichen Verabredungen und sonstigen Handlungen, die dazu bestimmt sind, die durch die Vorschrift der Verordnungen bezweckte Kenntnis der Steuerbehörden über das Verbringen von Vermögenswerten ins Ausland zu verhindern, sind verboten. Verstöße gegen dieses Verbot werden mit hoher Strafe belegt (§ 10 der Verordnung vom 14. 1. 20, § 8 der Verordnung vom 21. 11. 18, § 5 des Gesetzes vom 9. 9. 19).

II. Gutschriften, Auszahlungen und Akkreditive bei einem Ausländer.

Die oben bezeichneten Geschäfte dürfen nur ausgeführt werden, wenn der Auftraggeber, sofern er inländischer Nichtbankiers ist, die obenerwähnte Erklärung in doppelter Ausführung der Bank einreicht.

Die Banken haben die Erklärung binnen einer Woche an das für sie zuständige Finanzamt zu senden.

Im einzelnen gilt dies für folgende Geschäfte:

1. nach denen Geldbeträge, die im Einzelfalle 3000 Mark oder den entsprechenden Wert in ausländischer Währung betragen, mittelbar oder unmitttelbar bei einem Ausländer:

a) in inländischer oder ausländischer Währung zur Verfügung gestellt werden (Auszahlungen und Akkreditive). — Aufträge von Banken für diese Geschäfte werden somit nicht berührt. —

b) in ausländischer Währung bei einem Ausländer gutgeschrieben werden (§ 7 der Verordnung vom 14. 1. 20).

2. Aufträge, wonach Geldbeträge bei einem Ausländer in inländischer oder ausländischer Währung gutgeschrieben werden.

Diese Bestimmung trifft auch Aufträge von Banken und von Ausländern (§ 2 der Verordnung vom 21. 11. 18).

III. Geschäfte mit Wechseln, Schecks, Anweisungen aus dem Ausland.

1. Erhält eine Bank aus dem Ausland Wechsel, Schecks, Anweisungen, Quittungen oder sonstige Urkunden zum Einzug im Inland, so hat sie dieselben mit dem Vermerk „Aus dem Ausland!" zu versehen (§ 8 der Verordnung vom 14. 1. 20).

2. Löst die Bank eine der oben bezeichneten, auf sie abgegebenen oder bei ihrem Schuldner bestellte Urkunde zu Lasten eines inländischen Nichtbankiers ein, so hat der betreffende die oben näher bezeichnete Erklärung abzugeben. Es muß sich im Einzelfalle um Beträge von über 3000 Mk. handeln.

3. Erhält eine Bank auf eine derartige Urkunde bar oder in anderer Weise Zahlung von einem inländischen Nichtbankier, so muß dieser die obenerwähnte Erklärung abgeben. Auch hier Beschränkung auf Beträge über 3000 Mark.

4. Die Banken unterliegen wegen der Einhaltung dieser Vorschrift der gleichen Kontrolle seitens der Steuer wie beim Depotzwang. Verstöße unterliegen hoher Geld- und Gefängnisstrafe. Auch kann der Geschäftsbetrieb untersagt werden.

IV. Übersendung usw. von Wertpapieren und Zahlungsmitteln ins Ausland oder an Ausländer.

Wertpapiere dürfen nur durch Vermittlung von Banken ins Ausland übersandt oder überbracht werden (Verordnung vom 21. 11. 18).

Als Wertpapiere im Sinne der Verordnung gelten auch die unverzinslichen Schatzanweisungen des Reiches oder der Bundesstaaten, Zins- oder Gewinnanteilscheine, Urkunden, durch welche Beteiligung an einem Unternehmen verbrieft ist, sowie Hypotheken, Grundschuld- und Rentenschuldbriefe.

Auf Reichs- oder Auslandwährung lautende Zahlungsmittel dürfen gleichfalls nur durch Vermittlung von Banken nach dem Ausland versandt oder überbracht werden.

Als Zahlungsmittel im Sinne dieses Gesetzes gelten außer Geldsorten, Papiergeld, Banknoten und dergl. auch Anweisungen, Schecks und Wechsel. § 1 des Gesetzes vom 8. 9. 19.

a) Banken usw. dürfen die Aufträge im fremden Namen, wonach Wertpapiere oder Zahlungsmittel ins Ausland übersandt oder überbracht werden, nur ausführen, wenn der Auftraggeber eine Erklärung wie oben ausgeführt, in dreifacher Ausfertigung beifügt.

b) Das gleiche gilt, wenn Wertpapier oder Zahlungsmittel für einen Ausländer in Verwahrung genommen oder ihm auf Stückekonto gutgeschrieben werden.

c) Die Bestimmungen treffen nicht zu, falls:

1. die Banken, die fragliche Geschäfte im eigenen Namen ausführen;

2. die Wertpapiere nur zum Bezug von Zins- oder Gewinnanteilscheinen, Austausch oder Abstempelung usw. versandt werden. § 3 der Verordnung vom 21. 11. 18;

3. bei Versendung von Wertpapieren der Auftraggeber ein Ausländer ist.

V. Auslandskredit.

Einer im Ausland ansässigen Person oder Firma darf ein auf Reichswährung lautender Geldkredit nur mit Einwilligung der Reichsbank eingeräumt werden. Der Einwilligung unterliegt nicht die Verlängerung bereits vor dem Inkrafttreten dieser Verordnung eingeräumter Kredite. Damit ist eine Bestimmung aus der früheren Devisenordnung wieder aufgelebt (§ 5 der Verordnung vom 14. 1. 20).

## Dritter Titel.

## Gesetz über die Steuernachsicht.

### § 12. Generalpardon.

Gesetz über die Steuernachsicht vom 3. 1. 20 (RG. 1919, S. 45).

Schon während der Beratungen der Steuergesetze war von verschiedenen Seiten der Erlaß eines Generalpardons angeregt worden, da ohne einen solchen ein sicheres Aufkommen der Steuern nicht zu erwarten stand. Diese praktischen Erwägungen haben zu dem Erlaß des Gesetzes geführt.

Es heißt in dem Gesetz:

1. „Falls Vermögen oder Einkommen nicht angegeben worden ist, das zu einer öffentlichen Abgabe hätte veranlagt werden müssen, bleibt der Steuerpflichtige und sein Erbe von der Strafe und von der Verpflichtung zur Nachzahlung der Abgabe für die Zeit vor dem 1. April 1915 frei, wenn er sein Vermögen und sein Einkommen spätestens bis zum Ablauf einer Frist, die der Reichsminister der Finanzen oder die von ihm bestimmte Stelle in öffentlicher Aufforderung gesetzt hat, richtig angibt. Die öffentliche Aufforderung kann für das Vermögen und das Einkommen getrennt erlassen werden. Die Befreiung tritt nicht ein für Vermögen oder Einkommen, bezüglich dessen die Steuerbehörde bereits ein Verfahren gegen den Steuerpflichtigen oder seinen Erben eröffnet hat." (§ 1 des Ges.)

Für die Zeit nach dem 1. April 1915 ist somit die Steuer nachzuzahlen.

2. „Für die Kriegsabgabe vom Vermögenszuwachs wird das Anfangsvermögen, das der Veranlagung zugrunde zu legen ist, berichtigt, wenn der Steuerpflichtige nachweist, daß Vermögen, welches er oder sein Erblasser bereits am 31. Dezember 1913 gehabt hat, bei der Veranlagung zum Wehrbeitrage nicht berücksichtigt worden ist. Von dem nicht berücksichtigten Vermögen wird der zehnfache Betrag des zu wenig veranlagten Wehrbeitrages erhoben. Hierüber ist ein schriftlicher Steuerbescheid zu erteilen." (§ 2 des Ges.)

3. Besonders wichtig ist die Bestimmung, daß Vermögen, das nach dem Inkrafttreten der Reichsabgabenordnung bei der Veranlagung zur Kriegsabgabe vom Vermögenszuwachs oder zum Reichsnotopfer vorsätzlich verschwiegen wird, zugunsten des Reiches verfällt. (§ 3 des Ges.)

# Zweiter Abschnitt.

# Kriegs- und Vermögenssteuern.

## Erster Titel.

## Gesetz über eine außerordentliche Kriegsabgabe für das Rechnungsjahr 1919.

### § 13. Berechnung der Steuer.

I. Das Gesetz über die außerordentliche Kriegsabgabe für das Rechnungsjahr 1919 vom 10. September 1919 (Reichsgesetzblatt 1919, Nr. 174, S. 1567), Ausführungsbestimmungen vom 25. 11. 1919 (Zentralblatt für das Deutsche Reich 1919, Nr. 51, S. 1393) bringt die Fortsetzung des Gesetzes über die außerordentliche Kriegsabgabe für das Rechnungsjahr 1918 vom 26. Juli 1918 (Reichsgesetzblatt 1918, S. 964).

Für die Gesellschaften bringt dieses Gesetz somit die Fortsetzung der Kriegsgewinnbesteuerung, die durch das Gesetz über die vorbereitenden Maßnahmen zur Besteuerung der Kriegsgewinne vom 24. Dezember 1915 eingeleitet und für die durch das Kriegssteuergesetz vom 21. Juni 1916 (Reichsgesetzblatt 1916 S. 561) die Grundlage geschaffen worden ist. Das Gesetz erfaßt somit den Mehrgewinn des 5. Kriegsgeschäftsjahres. Durch Verordnung vom 15. November 1918 (Reichsgesetzblatt 1918 S. 1387) war bereits den Gesellschaften die Verpflichtung auferlegt worden, 80 Prozent ihres im 5. Kriegsgeschäftsjahr erzielten Mehrgewinnes in eine Kriegssteuerrücklage einzustellen.

II. Nach § 14 haben u. a. auch eingetragene Genossenschaften von dem im fünften Kriegsgeschäftsjahr erzielten Mehrgewinn eine außerordentliche Kriegsabgabe zu entrichten. Eine Besteuerung kommt nur in Frage, soweit der Mehrgewinn 5000 Mark übersteigt.

1. Mehrgewinn: Als abgabepflichtiger Mehrgewinn gilt der Unterschied zwischen dem Friedensgewinn und dem im fünften Kriegsgeschäftsjahr erzielten Geschäftsgewinn. Der unterschiedliche Betrag wird auf volle 1000 Mark nach unten abgerundet. Beträge unter 5000 Mark bleiben außer Ansatz (§ 15 des Ges.).

2. Friedensgewinn: Friedensgewinn ist der nach den §§ 16 und 17 des Kriegssteuergesetzes vom 21. Juni 1916 berechnete durchschnittliche frühere Geschäftsgewinn. Die für die Steuerberechnung maßgebenden Steuerbilanzen dürfen von den Handelsbilanzen abweichen. Auch ist eine Revidierung bereits aufgestellter Geschäftsbilanzen für die Steuerberechnung zulässig. Die Genossenschaften müssen jedoch die in den genehmigten Abschlüssen ausgewiesenen Gewinne bis zum Nachweis der Unrichtigkeit der Abschlüsse gegen sich gelten lassen (Ausf.-Best. § 14).

A. Geschäftsgewinn: „Geschäftsgewinn ist der in einem Geschäftsjahr erzielte, nach den gesetzlichen Vorschriften und den Grundsätzen ordnungsmäßiger kaufmännischer Buchführung berechnete Bilanzgewinn.

Abschreibungen sind insoweit zu berücksichtigen, als sie einen angemessenen Ausgleich der Wertminderung darstellen." Maßgebend sind daher die Bilanzierungsvorschriften der § 17 Abs. 2 und § 43 Abs. 1 des Gen.-Ges. in Verbindung mit §§ 38 bis 41 und 261 HGB.

Im einzelnen ist daher zu beachten:

a) Tantiemen des Vorstandes und der Aufsichtsratsmitglieder: Die Anteile der Vorstandsmitglieder oder Geschäftsführer wie der sonstigen Beamten und Angestellten am Jahresgewinn, auf welche diese einen Rechtsanspruch haben, sind als abzugsfähige Betriebskosten anzusehen. Dagegen sind Vergütungen (Tantiemen) der Aufsichtsratsmitglieder, die von der Höhe des Reingewinns und von dessen Feststellung durch die Generalversammlung oder Gesellschaftsversammlung abhängig sind, von dem Geschäftsgewinne nicht abzusetzen.

b) Stille Reserven: Werden stille Reserven gebildet, so gehören sie in den Gewinn des betr. Geschäftsjahres hinein.

c) Abschreibungen und Delkrederekonto: Sie mindern den Bilanzgewinn, soweit sie keine Rücklage (stille Reserve) darstellen.

d) Gewinnvortrag: Der Gewinnvortrag aus dem vorausgegangenen Geschäftsjahr ist kein Teil des Geschäftsgewinnes im neuen Geschäftsjahr.

e) Rücklagen zum Pensionsfonds, die im Eigentum der Genossenschaft bleiben, was meistens der Fall ist, gehören mit zum Reingewinn.

f) Steuern aller Art, die die Genossenschaft zu entrichten hat, gehören zu den Geschäftsunkosten und mindern den Geschäftsgewinn.

B. Durchschnittlicher früherer Geschäftsgewinn: Nach § 17 des Gesetzes vom 21. Juni 16 kommen für die Berechnung des Durchschnittsgewinnes nur volle Geschäftsjahre in Betracht.

a) Grundsätzlich gilt § 17 Abs. 1 des Ges. vom 21. 6. 16.

b) Besondere Berechnung, wenn das Grund- und Stammkapital der Gesellschaft sich in den angegebenen Jahren vermehrt hat. Als Grundkapital gilt bei den Genossenschaften die Summe der eingezahlten Geschäftsanteile der Genossen, also die Summe der Geschäftsguthaben. Genossenschaften mit Mitgliederzuwachs haben somit auch stets vermehrtes Grundkapital. Es igilt § 17 Abs. 2 des Ges. vom 21. 6. 16, welcher lautet:

> „Hat innerhalb dem, den fünf Kriegsgeschäftsjahren vorangegangenen Geschäftsjahre eine Vermehrung des eingezahlten Grund- und Stammkapitals stattgefunden, so wird dem Geschäftsgewinne für die vor der Vermehrung liegende Zeit ein Betrag von sechs vom Hundert jährlich des der Gesellschaft durch die Neueinzahlungen tatsächlich zugeflossenen Kapitalbetrags zugerechnet."

Bei dem vielfach täglich wechselnden Mitgliederbestand und damit auch des Grund- und Stammkapitals ist die Berechnung für die Genossenschaften besonders schwierig.

c) Ist ein Gewinn in den fraglichen Jahren nicht erzielt, so bestimmt § 17 Abs. 3: „Als früherer Durchschnittsgewinn wird mindestens ein Betrag von sechs vom Hundert des eingezahlten Grund- und Stammkapitals angenommen."

d) Hat sich auch in den Kriegsjahren das Grund- und Stammkapital der Genossenschaft vermehrt, so gilt § 17, Abs. 5 des Ges. v. 21. Juni 1916, welcher lautet:

„Hat sich das eingezahlte Grund- und Stammkapital einer Gesellschaft während der Kriegsgeschäftsjahre vermehrt; so ist für die Zeit nach der Vermehrung dem durchschnittlichen früheren Geschäftsgewinn ein Betrag von sechs vom Hundert jährlich des der Gesellschaft durch die Neueinzahlungen tatsächlich zugeflossenen Kapitalbetrags hinzuzurechnen.“

3. Fünftes Kriegsgeschäftsjahr: Als fünftes Kriegsgeschäftsjahr gilt das Geschäftsjahr, das auf den durch § 23 des Gesetzes über die außerordentliche Kriegsabgabe für das Rechnungsjahr 1918 als viertes Kriegsgeschäftsjahr erfaßten Zeitraum folgt. Es gilt somit als fünftes Kriegsgeschäftsjahr dasjenige Geschäftsjahr, das den Monat August 1918 noch mit umfaßt. Bei Genossenschaften, die am 31. Dezember abschließen, ist maßgebend sodann das Geschäftsjahr vom 1. Januar 1918 bis 31. Dezember 1918.

4. Geschäftsgewinn des fünften Kriegsgeschäftsjahres: Dieser ist nach den Vorschriften der §§ 16 und 18 des Kriegssteuergesetzes vom 21. Juni 16 und § 16 Abs. 2 bis 4 dieses Gesetzes zu berechnen. Es gelten somit die gleichen Bestimmungen wie oben unter 2 A Zu beachten ist jedoch:

a) Die Sonderrücklage (Kriegssteuerrücklage) und die Kriegssteuer (Kriegsabgabe) dürfen von dem Geschäftsgewinn eines Kriegsgeschäftsjahres nicht abgesetzt werden. Beträge einer freigewordenen Sonderrücklage (Kriegssteuerrücklage) aus einem früheren Geschäftsjahre, die den Bilanzgewinn erhöht haben, sind vom Geschäftsgewinn für die Zwecke der Kriegssteuerberechnung abzuziehen. (§ 18 Abs. 2 des Ges.)

b) Ist eine Gesellschaft mit einer Unterbilanz in das fünfte Kriegsgeschäftsjahr eingetreten, so können die zur Beseitigung der Unterbilanz erforderlichen Beträge von dem Geschäftsgewinne dieses Geschäftsjahres abgesetzt werden. (§ 18 Abs. 3 des Ges.)

c) Sind die Geschäftsgewinne der früheren Geschäftsjahre im Gesamtergebnisse hinter dem entsprechenden Betrag des Friedensgewinnes zurückgeblieben, so darf der Mindergewinn von dem Mehrgewinne des fünften Kriegsgeschäftsjahres abgezogen werden. (§ 19 des Ges.)

5. Höhe der Steuern: Die Höhe der Abgabe beträgt bis 80% vom Mehrgewinn, ermäßigt sich aber je nach der Höhe des Mehrgewinns und des Grund- und Stammkapitals. Die Ausführungsbestimmungen enthalten eine Hilfstabelle zur Berechnung der Steuer.

## § 14. Erhebung und Zahlung der Steuer.

I. Die Veranlagung und Erhebung der Steuer erfolgt durch die Finanzämter (§ 27 des Ges. und Ausf.-Best. § 1). Der Vorstand der Genossenschaft hat dem Finanzamt die Steuererklärung einzureichen. Über diese Erklärung bestimmen die Ausführungsbestimmungen Näheres. Die Abgabe ist binnen drei Wochen nach Zustellung des Steuerbescheides zu entrichten. (§ 31 des Ges.)

II. Art der Zahlung der Steuer:

Hierbei ist zu unterscheiden, ob es sich bei der Hingabe zur Steuerzahlung um selbstgezeichnete Kriegsanleihen und die ihnen gleichgestellten Anleihen oder um sonstige Kriegsanleihen handelt.

1. Nicht selbstgezeichnete Kriegsanleihen: Grundsätzlich sind Schuldbuchverschreibungen, Schuldbuchforderungen und Schatzanweisungen der Kriegsanleihen des Deutschen Reiches an Zahlungs Statt anzunehmen. Die Annahme erfolgt mit Zinsen für die Zeit vom 1. Oktober 1919 zu dem von dem Reichsminister der Finanzen auf den 30. Juni 1919 festgesetzten Steuerkurs. Der amtliche Steuerkurszettel für 30. Juni 1919 ist bereits erschienen. Sind die Zinsen auf Schuldverschreibungen usw. für einen nach dem 30. Septemter 1919 liegenden Zeitraum bereits erhoben, so vermindert sich der Annahmewert um diesen Zinsbetrag. Sofern die Wertpapiere mit Zinsen für einen vor dem 1. Oktober 1919 liegenden Zeitraum übergeben werden, so erhöht sich der Annahmewert um diese Zinsen. Die Bestimmung, daß die Annahme der Anleihen mit Zinslauf vom 1. Oktober 1919 erfolgt, ist sehr ungünstig, da je länger sich die Zahlung dieser Steuer hinzieht, um so ungünstiger die Zahlung mit Kriegsanleihe wird.

2. Selbstgezeichnete Kriegsanleihen und die ihnen gleichgestellten Fälle: Die fünfprozentigen Schuldverschreibungen, Schuldbuchforderungen und Schatzanweisungen der Kriegsanleihen des Deutschen Reiches sowie die viereinhalbprozentigen Schatzanweisungen der sechsten, siebenten, achten und neunten Kriegsanleihe mit Zinsen für die Zeit vom 1. Oktober 1919 ab werden zum Nennwert, die viereinhalbprozentigen Schatzanweisungen der vierten und fünften Kriegsanleihe unter Zugrundelegung des gleichen Zinsenlaufs zum Werte von 96,50 Mk. für je 100 Mk. Nennwert an Zahlungs Statt angenommen, wenn der Abgabepflichtige nachweist, daß er oder im Falle des § 14 des Besitzsteuergesetzes seine Ehefrau die an Zahlungs Statt hingegebenen Schuldverschreibungen, Schuldbuchforderungen oder Schatzanweisungen

a) infolge einer Zeichnung von Kriegsanleihe erhalten hat, oder

b) aus dem Nachlaß eines Verstorbenen von Todes wegen erworben und der Erblasser sie infolge einer Zeichnung von Kriegsanleihe erhalten hat, oder die Zeichnung für eine Erbengemeinschaft erfolgt ist, an der der Abgabepflichtige beteiligt war, oder

c) von einer offenen Handelsgesellschaft, Kommanditgesellschaft, Gesellschaft mit beschränkter Haftung oder Genossenschaft als deren Gesellschafter oder Genosse empfangen und die Gesellschaft oder Genossenschaft sie infolge einer Zeichnung von Kriegsanleihe erhalten hat, oder

d) wenn der Abgabepflichtige nachweist, daß die an Zahlungs Statt hingegebenen Schuldbuchforderungen, Schuldverschreibungen oder Schatzanweisungen von einer Genossenschaft als deren Mitglied käuflich erworben hat, sofern der dafür entrichtete Erwerbspreis nicht den Betrag seines am 1. Oktober 1919 vorhandenen Guthabens übersteigen und die Genossenschaft die Schuldverschreibungen, Schuldbuchforderungen oder Schatzanweisungen infolge einer Zeichnung erworben hat.

Die Ausführungsbestimmungen zu dem Kriegsabgabengesetz und Vermögenszuwachssteuergesetz bestimmen nun zu Ziffer d willkürlich, daß der Steuerpflichtige spätestens am 16. August 1919 die Mitgliedschaft bei der Genossenschaft erworben haben muß. Diese in den Ausführungsbestimmungen vertretene Ansicht findet im Gesetz keine Stütze und wird vom Allgemeinen deutschen Genossenschaftsverband bestritten. Im Reichsnotopfergesetz ist übrigens ausdrücklich im Gesetz vermerkt, daß der Steuerpflichtige spätestens seit dem 1. Juli 1919 Mitglied der Genossenschaft gewesen sein muß. Für das Reichsnotopfer ist somit die Frage zweifelsfrei festgelegt. Streitig ist auch geworden, ob unter Guthaben jedes Guthaben des Mitgliedes zu verstehen ist, Scheck-, Spar- und Kontokorrentguthaben usw., oder nur das Geschäftsguthaben. Die letztere Ansicht ist abwegig. Das Reichsfinanzministerium hat sich jetzt der Ansicht des Allgemeinen deutschen Genossenschaftsverbandes angeschlossen und auf eine Eingabe des Allgemeinen deutschen Genossenschaftsverbandes sich dahin ausgesprochen: daß unter Guthaben nicht nur die Geschäftsguthaben, sondern beispielsweise auch die Sparguthaben der Genossen zu verstehen sind. Auch das Guthaben aus einem eingeräumten Kredit dürfte darunter zu verstehen sein.

3. Der Nachweis der Zeichnung wird bei Schuldverschreibungen und Schatzanweisungen durch Vorlegung einer von der Zeichnungs-(Vermittlungs-)Stelle auszustellende Bescheinigung erbracht. Aus der Bescheinigung müssen sich die Nummern der gezeichneten Stücke ergeben. Die Kreditgenossenschaften haben somit auf Verlangen für die Personen, die bei ihnen Kriegsanleihe gezeichnet haben, die Bescheinigung auszustellen.

a) Bei Schuldbuchforderungen wird der Nachweis der Zeichnung durch die von der Reichsschuldenverwaltung zu treffende Feststellung, daß die Folgerung unmittelbar infolge einer Schuldbuchzeichnung in das Schuldbuch eingetragen worden ist, erbracht.

b) Kann der Abgabeschuldner eine Bescheinigung der Zeichnungs-(Vermittlungs-)Stelle über die erfolgte Zeichnung von Schuldverschreibungen oder Schatzanweisungen nicht vorlegen, oder kann die Reichsschuldenverwaltung die eben erwähnte Feststellung nicht treffen, so kann der Abgabeschuldner bei dem Finanzamt die Ausstellung einer Bescheinigung über die Zeichnung beantragen. Der Antrag muß die Erklärung enthalten, warum der Abgabeschuldner zur Vorlegung einer Bescheinigung der Zeichnungsstelle nicht imstande ist. Erachtet das Finanzamt den Nachweis der Zeichnung für hinreichend geführt, so stellt es die Bescheinigung aus; andernfalls weist es den Antrag zurück.

Derartige Fälle werden wiederholt vorkommen, z. B. bei Zeichnungen, die bei den Truppenteilen vorgenommen sind (sog. Feldzeichnungen). Unterlagen für diese Zeichnungen werden vielfach nicht vorhanden sein. Ähnliches gilt von Schulzeichnungen.

c) Im Falle der Zeichnung von Kriegsanleihen durch die Ehefrau des Abgabeschuldners hat dieser den Nachweis der Zusammenrechnung des Vermögens der Ehegatten zu erbringen.

d) Der Nachweis des Erwerbes von Kriegsanleihe aus dem Nachlasse eines Verstorbenen von Todes wegen oder des Empfanges von Kriegsanleihe von einer offenen Handelsgesellschaft, Kommanditgesellschaft, Gesellschaft mit beschränkter Haftung oder Genossenschaft als deren Gesellschafter oder Genosse oder des käuflichen Erwerbes von Kriegsanleihe von einer Genossenschaft kann auf jede geeignete Weise von dem Finanzamt geführt werden. Erachtet das Finanzamt den Nachweis für erbracht, so stellt es eine Bescheinigung aus; andernfalls lehnt es die Ausstellung der Bescheinigung ab.

e) Bei Schuldbuchforderungen darf das Finanzamt die Bescheinigung nur ausstellen, wenn der Übergang der Schuldbuchforderung durch Eintragung im Schuldbuch beurkundet worden ist. Die Eintragung im Schuldbuch setzt einen in der durch das Reichsschuldbuchgesetz vorgeschriebenen Form abgegebenen Antrag voraus.

f) Die obenerwähnten Bescheinigungen — also auch die von Kreditgenossenschaften als Zeichnungs- oder Vermittlungsstellen auszufertigenden — sind auch dann auszustellen, wenn ein Abgabepflichtiger Schuldverschreibungen, Schuldbuchforderungen und Schatzanweisungen, die er infolge einer Zeichnung erhalten hat, in andere Schuldbuchforderungen, Schuldverschreibungen oder Schatzanweisungen, gegebenenfalls in solche mit anderem Nennwert oder mit anderem Zinstermin umgetauscht hat. In diesem Falle hat die Bescheinigung sowohl die Nummern der gezeichneten Schuldverschreibungen, Schuldbuchforderungen oder Schatzanweisungen als auch die Nummern der für sie eingetauschten Kriegsanleihen zu enthalten. Das gleiche gilt, wenn ein Abgabepflichtiger einer Reichsbehörde Schuldverschreibungen, Schuldbuchforderungen oder Schatzanweisungen, die er infolge einer Zeichnung erhalten hat, in Zahlung gegeben hat, und von dieser, da er zu viel gezahlt hat, Ersatzstücke geliefert erhalten hat.

4. Schuldverschreibungen, Schuldbuchforderungen und Schatzanweisungen der Kriegsanleihen des Deutschen Reiches können nur insoweit in Zahlung gegeben werden, als der Annahmewert den Betrag der geschuldeten Kriegsabgabe nicht übersteigt. Eine bare Herauszahlung auf hingegebene Stücke oder Buchforderungen der Kriegsanleihen findet nicht statt.

In dem Annahmewert der Schuldverschreibungen, Schuldbuchforderungen und Schatzanweisungen der Kriegsanleihen des Deutschen Reiches ist die vom Tage der Fälligkeit der Abgabe entstehende Zinspflicht berücksichtigt. Der Abgabeschuldner hat daher nur den nicht durch Hingabe von Schuldverschreibungen, Schuldbuchforderungen und Schatzanweisungen der Kriegsanleihen des Deutschen Reiches beglichenen Restbetrag vom Tage der Fälligkeit der Abgabe ab mit fünf vom Hundert zu verzinsen.

5. Wer bei Entrichtung der Kriegssteuern Schuldverschreibungen oder Schatzanweisungen der Kriegsanleihen des Deutschen Reiches hingeben will, hat die Stücke nebst den dazu gehörigen Zinsscheinen und Zinserneuerungsscheinen einer der vom Reichsminister der Finanzen öffentlich bekannt zu machenden Annahmestellen mit einem Antrag einzureichen.

a) Wer zur Entrichtung der Kriegsabgabe Schuldbuchforderungen der Kriegsanleihen verwenden will, hat bei der Reichsschuldenverwaltung (Schuldbuchangelegenheit) in Berlin S 68, Oranienstraße 92/94, einen Antrag auf Übertragung seiner Schuldbuchforderung oder eines entsprechenden auf volle hundert Mark lautenden Teiles auf das Konto der Reichskasse für Kriegsabgabe zu stellen. Der Antrag ist von dem Antragsteller zu unterschreiben. Von einer Beglaubigung der Unterschrift wird die Reichsschuldenverwaltung in der Regel absehen. Der Antrag wird nur berücksichtigt, sofern sich auf dem Konto des Antragstellers keine Beschränkung zugunsten Dritter, wie Zinsgenußrechte, Pfandrechte usw. befindet.

Vordrucke zu diesen Anträgen werden dem Steuerpflichtigen kostenfrei verabfolgt. Die Übertragung der Reichsschuldbuchforderungen auf das Konto der Reichskasse erfolgt gebührenfrei.

b) Wer bei der Entrichtung der Kriegsabgabe Schuldverschreibungen, Schuldbuchforderungen oder Schatzanweisungen der Kriegsanleihen zu dem unter 2 bezeichneten Werte hingeben will, hat dem bei der Annahmestelle oder der Reichsschuldenverwaltung einzureichenden Antrage die unter 3 angegebenen erforderlichen Bescheinigungen beizufügen.

c) Die Annahmestellen für Wertpapiere berechnen den Annahmewert der ihnen übergebenen Stücke, die Reichsschuldenverwaltung den Annahmewert der auf das Konto der Reichskasse übertragenen Schuldbuchforderungen und stellen den Antragstellern (Einlieferern von Stücken) Bescheinigungen über den Gesamtannahmewert der eingelieferten Stücke oder übertragenen Schuldbuchforderungen aus.

Die von den Annahmestellen so ausgestellten Bescheinigungen können dann von dem Steuerpflichtigen den Steuerhebestellen übergeben werden, die den in der Bescheinigung vermerkten Gesamtannahmewert auf die zu entrichtende Steuer in Zahlung nehmen.

5. Vorteile dieser Zahlungsart. Die Genossenschaften können also auch für die zu zahlenden Steuern ihrer Kunden eigene Kriegsanleihe abstoßen, wenn sie möglichst ihre Gläubiger, die am 1. Oktober 1919 ein Guthaben bei der Genossenschaft hatten, veranlassen, Mitglied zu werden, um mit Kriegsanleihen der Genossenschaft zu zahlen.

Steuerpflichtige können mit dieser Kriegsanleihe zu pari zahlen und erhalten sie von der Genossenschaft zum Anschaffungspreis oder zu einem Kurs, den sie mit der Genossenschaft vereinbaren.

## Zweiter Titel.

# Gesetz über eine Kriegsabgabe vom Vermögenszuwachs.

### § 15. Überblick.

Das Gesetz über eine Kriegsabgabe vom Vermögenszuwachs vom 10. September 1919 (Reichsgesetzblatt 1919, Nr. 175, S. 1579), Ausführungsbestimmungen vom 25. November 1919 (Zentralblatt für das Deutsche Reich, Nr. 52, S. 1459), trifft nur physische Personen.

Es bringt nahezu die vollständige Wegsteuerung der gesamten Kriegsgewinne bzw. des Vermögenszuwachses seit dem 31. Dezember 1913. Besteuert wird der Betrag, um den das durch die erstmalige Besitzsteuerveranlagung nach den Vorschriften des Besitzsteuergesetzes vom 3. Juli 1913 festgestellten Anfangsvermögens gegenüber dem am Stichtag, den 30. Juni 1919, festgestellten Endvermögen gestiegen ist. Die Steuerbeträge sind sehr erheblich.

Für die Kreditgenossenschaften interessiert die Bestimmung des § 25 des Gesetzes über die Zahlung der Steuern mit selbstgezeichneter Kriegsanleihe der Genossenschaft. Die Bestimmung deckt sich mit dem § 32 des Gesetzes über eine außerordentliche Kriegsabgabe für das Rechnungsjahr 1919. Es kann auf die Ausführungen zu dieser Bestimmung verwiesen werden (vgl. Seite 28 ff).)

## Dritter Titel.

## Reichsnotopfergesetz.

### § 16. Steuerpflicht und Berechnung der Steuer.

I. Reichsnotopfergesetz vom 31. 12. 1919 (Reichsgesetzblatt 1919, Nr. 252, S. 2189).–Unter den großen Vermögensabgabegesetzen hat das Reichsnotopfergesetz eine besondere Bedeutung. Erst nach schweren parlamentarischen Kämpfen ist es gelungen, es in der Nationalversammlung durchzubringen. Auch für Genossenschaften hat das Gesetz Bedeutung, wenn es auch nach zahlreichen Verhandlungen, an denen vor allem der Freie Ausschuß der deutschen Genossenschaftsverbände und der Allgemeine deutsche Genossenschaftsverband beteiligt waren, gelungen ist, Bestimmungen für die Genossenschaften zu erreichen, die den besonderen wirtschaftlichen Verhältnissen der Genossenschaften angepaßt sind.

II. § 1 des Gesetzes bestimmt:

„Der äußersten Not des Reiches opfert der Besitz durch eine nach den Vorschriften dieses Gesetzes zu bemessende große Abgabe vom Vermögen (Reichsnotopfer).“

Abgabepflichtig sind neben den Kapitalgesellschaften (Aktiengesellschaften, Ges. m. b. H. usw.) auch eingetragene Genossenschaften, deren Geschäftsanteil über 50,– Mark lautet (§ 2 Ziff. 4 des Ges.). Damit sind alle Genossenschaften mit einem Geschäftsanteil unter 50,– Mark frei von dem Reichsnotopfer. Es fallen darunter eine bedeutende Anzahl ländlicher Genossenschaften, Konsumvereine, teilweise auch Handwerkergenossenschaften.

III. Die Abgabepflicht der in § 2 Ziffer 4 aufgeführten steuerpflichtigen Gesellschaften umfaßt bei diesen „das Reinvermögen nach Abzug des eingezahlten Grund- und Stammkapitals“.

Als abgabepflichtiges Vermögen dieser Steuerpflichtigen gilt das gesamte „bewegliche und unbewegliche Gesellschaftsvermögen“; von dem abzuziehen sind:

a) Schulden und Lasten,

b) das Grund- und Stammkapital, an dessen Stelle bei eingetragenen Genossenschaften die doppelte Summe der Geschäftsguthaben der Genossenschaft tritt.

1. Das bewegliche und unbewegliche Gesellschaftsvermögen:

a) Es muß das wirkliche Vermögen der Genossenschaft ermittelt werden. Dafür ist die kaufmännische Bilanz nicht ohne weiteres maßgebend, weil in ihr die einzelnen Vermögensgegenstände zum Teil nach den von den Grundsätzen des Steuerrechts abweichenden Grundsätzen des Handelsrechts bewertet werden. So z. B. dürfen nach § 261 des Handelsgesetzbuches Wertpapiere, Waren und andere Vermögensgegenstände zu keinem höheren Preis als dem Anschaffungs- oder Herstellungspreis angesetzt werden, selbst wenn die Kurswerte oder die gemeinen Werte am Bilanztage höher sind. Für die Vermögensabgabe müssen dagegen die Werte am Bilanztage eingesetzt werden, d. h. für Wertpapiere mit Kurswert die Steuerkurse, für andere Wertpapiere die Steuerwerte, und für die übrigen Vermögensgegenstände die gemeinen Werte. Abschreibungen sind selbstverständlich zulässig, jedoch nur insoweit, als sie eine angemessene Ausgleichung von Wertverringerungen darstellen, dabei ist es gleichgültig, ob die einzelnen Vermögensgegenstände gleich in den Aktiven niedriger bewertet oder ob in den Passiven besondere Bewertungskonten gebildet werden. Würde ohne weiteres die Bilanz zugrunde gelegt, so würden Gesellschaften, die an sich das gleich hohe Vermögen besitzen, unter Umständen zu einer ganz verschieden hohen Vermögensabgabe herangezogen werden, die jeweils von der Art ihrer Bilanzierung, d. h. von der Frage, ob sie offene oder stille Reserven gebildet haben, abhinge. Durch die vorgesehene Regelung werden die offenen und stillen Reserven gleichmäßig herangezogen.

b) Eine Besonderheit besteht für die Bewertung der Grundstücke. Für die Bewertung der Grundstücke gilt § 152 der Reichsabgabeordnung (vgl. vorn S. 7) mit der Maßgabe, daß nur das Zwanzigfache des Reinertrages zugrunde gelegt wird. Wird bis 1930 zu einem höheren Preis als dem so errechneten Steuerwert verkauft, so findet für das Grundstück eine Neuveranlagung statt. (§ 18 des Ges.)

Der vorgetragene Gewinn ist steuerpflichtig, nicht aber der am Schluß des Jahres 1919 sich ergebende Gewinn selbst.

2. Abzug der Schulden und Lasten: Von dem vorstehend ermittelten Rohvermögen sind die juristischen Schulden, d. h. die Schulden im Sinne des § 15 des Ges. abzuziehen, also

a) alle dinglichen und persönlichen Schulden: Dazu gehören z. B. die Schulden aus den Bankkredits, aus der Annahme von Spareinlagen usw. Auch Hypothekenschulden, die z. B. auf eigenen Grundstücken der Genossenschaften ruhen;

b) die am 31. Dezember 1919 noch nicht gezahlten Abgaben auf Grund der Kriegssteuergesetze (Kriegsabgabe für das Rechnungsjahr 1918 und 1919) und die städtischen und kommunalen Steuern und Abgaben, z. B. Geldumsatzsteuer, Gewerbesteuer usw.

3. Abzug des Grund- und Stammkapitals: Neben den juristischen Schulden darf abgesetzt werden der doppelte Betrag der Ge-

schäftsguthaben der Genossen, der nach § 261 Ziff. 5 HGB. unter den Passiven aufzunehmen ist, aber nur ein buchmäßiges, kein juristisches Passivum bildet.

4. Abgezogen können noch werden: Rücklagen für ausschließlich gemeinnützige oder wohltätige Zwecke, jedoch nur dann, wenn deren Verwendung für solche Zwecke als gesichert anzusehen ist. (§ 17 Ziff. 2 des Ges.) Wann dies der Fall ist, ist Tatfrage. Jedenfalls muß der Genossenschaft die einseitige Verfügung über derartige Konten entzogen sein. Der Stiftungsfonds bei Raiffeisengenossenschaften ist im Sinne dieser Bestimmung abzugsfähig.

5. Beispiel: An Hand eines Beispiels dargestellt, ergibt sich somit für die Berechnung des Reichsnotopfers folgendes Bild:

| | | | | | |
|---|---|---|---|---|---|
| Kassenbestand | 100 000 | Mk. | Geschäftsguthaben | 120 000 | Mk. |
| Bankguthaben | 600 000 | „ | Gesetzliche Reserven | 30 000 | „ |
| Wertpapiere | 250 000 | „ | Hilfsreservefonds | 105 000 | „ |
| Forderungen | 720 000 | „ | Spareinlagen | 1 420 000 | „ |
| Grundbesitz | 30 000 | „ | Hypothekenschulden | 15 000 | „ |
| | | | Reingewinn | 10 000 | „ |
| | 1 700 000 | Mk. | | 1 700 000 | Mk. |

| | | |
|---|---|---|
| abzügl. Schulden | 1 435 000 | Mk. |
| Reinvermögen | 265 000 | Mk. |
| abzügl. unverteilter Gewinn | 10 000 | „ |
| | 255 000 | Mk. |
| abzügl. doppelte Geschäftsguthaben | 240 000 | „ |
| Steuerpflichtiges Vermögen | 15 000 | Mk. |

6. Den Genossenschaften gleichgestellt sind die in ihrer Hauptbestimmung als Zentralen der Genossenschaften wirkenden Ges. m. b. H. und Aktiengesellschaften, z. B. Zentralkassen in der Form der Ges. m. b. H. oder Akt.-Ges., Warenanstalten, Zentraleinkaufsgesellschaften.

7. Steuerpflicht und Ermittlung der Vermögenswerte: Maßgebender Stichtag ist der 31. Dezember 1919. Soweit Genossenschaften ihre regelmäßigen Geschäftsabschlüsse nicht auf den 31. Dezember machen, kann der Vermögensstand am Schluß desjenigen Wirtschafts- und Rechnungsjahres zugrunde gelegt werden, dessen Ende zwischen 1. April 1919 und 31. März 1920 fällt. Etwaige bis zum Stichtag eingetretene Vermögensschiebungen sind zu berücksichtigen.

8. Innerhalb von einem Jahre ist die Berichtigung der Veranlagung möglich, wenn zu hoch oder zu niedrig veranlagt ist. Auf Antrag wird der Vermögensstand per 31. Dezember 1920, 1921 oder 1922 für die Veranlagung zugrunde gelegt, wenn sich das Vermögen gegenüber dem Stand vom 31. Dezember 1919 um mehr als ein Fünftel durch Unglücksfälle, Entwertung oder entgeltliche Veräußerung vom Vermögen vermindert hat.

## § 17. Zahlung der Steuer.

1. Die Abgabe beträgt für Genossenschaften 10% und ist ab 1. Januar 1920 mit 5% zu verzinsen.

2. Die Zahlung kann sofort erfolgen oder in einer jährlichen Amortisationsrente von $6^1/_2$%.

3. Gezahlt kann werden in bar oder durch Hingabe anderer näher aufgeführten Werte.

a) Die Zahlung in bar hat besondere Vorteile. Für die bis 30. Juni 1920 in bar gezahlten Beträge werden acht vom Hundert, für die in der Zeit vom 1. Juli bis 31. Dezember 1920 bar gezahlten Beträge vier vom Hundert als Rückvergütung gezahlt. Als Barzahlung gilt auch die Hingabe von Schatzwechseln. Genossenschaften, die abgabepflichtig sind, werden gut tun, gegebenenfalls von der Barzahlung Gebrauch zu machen.

b) Bezahlung durch Hingabe von selbstgezeichneten Kriegsanleihen. Darüber vgl. Seite 29. Dies ist aber nur zulässig bis 31. Dezember 1920.

c) Sonstige Schuldverschreibungen usw. des deutschen Reiches, also auch nicht selbst gezeichnete Kriegsanleihen werden bis 31. Dezember 1920 zu einem bestimmten Steuerkurs, der noch festgesetzt wird, sich aber mit dem Kurs am 21. Dezember 1919 decken wird, in Zahlung genommen.

d) Auch sonstige Vermögenswerte können durch eine zu gründende Reichsvermögensbank in Zahlung genommen werden.

4. Genossenschaften dürfen die zur Bezahlung der Abgaben oder eines Teiles derselben erforderlichen Mittel aus dem gesetzlichen Reservefonds entnehmen (§ 53 des Ges.). Die Bestimmung ist für Genossenschaften besonders wichtig, da sie ohne diese nicht berechtigt wären, den Reservefonds für die Abgabe in Anspruch zu nehmen.

5. Für Kreditgenossenschaften sind die Bestimmungen über die Zahlung des Reichsnotopfers auch seitens Dritter mit Kriegsanleihen von Bedeutung, um dadurch von ihren Beständen an Kriegsanleihen abzustoßen. Darüber vgl. ausdrücklich vorn S. 29 2d. Zu betonen ist, daß die Hingabe von Kriegsanleihen der Genossenschaften zum Nominalwert auch nur zulässig ist bis 31. Dezember 1920, anders wie bei den Kriegsabgabegesetzen, und daß die Kriegsanleihen angenommen werden mit Zinslauf ab 1. 1. 20.

## Vierter Titel.

# Erbschaftssteuer.

## § 18. Allgemeines.

Das Erbschaftssteuergesetz vom 10. September 1919 (Reichsgesetzblatt Nr. 173, S. 1543), Ausführungsbestimmungen vom 11. Oktober 1919 (Zentralblatt für das Deutsche Reich, Nr. 43, S. 1211) ist in Kraft getreten am 1. September 1919. Das Gesetz enthält einige Bestimmungen, deren Kenntnis auch für die Kreditgenossenschaften von Notwendigkeit ist.

I. Der Besteuerung nach den Vorschriften dieses Gesetzes unterliegen:

a) der Nachlaß eines Verstorbenen (Nachlaßsteuer),

b) der Erwerb von Todes wegen (Erbanfallsteuer),

c) Schenkungen unter Lebenden (Schenkungssteuer, § 1 des Ges.).

1. Die Nachlaßsteuer beträgt 1 bis 5 Prozent des steuerpflichtigen Nachlaßvermögens, je nach der Höhe (§ 15 des Ges.).

Die Nachlaßsteuer ist aus dem Nachlaß zu entrichten. Subsidiäre Haftung dritter Personen ist vorgesehen (§ 19 des Ges.).

2. Die Erbanfallsteuer wird von dem Betrag berechnet, um den der Erwerber durch den Erbanfall bereichert ist (§ 25 des Ges.). Die Erbanfallsteuer wird nach den persönlichen Verhältnissen des Erwerbers zu dem Erblasser in sechs Klassen erhoben (§ 26 des Ges.). Der Steuersatz bewegt sich zwischen 4 Prozent und 70 Prozent (§ 28 des Ges.) und kann unter bestimmten Voraussetzungen bis 90 Prozent steigen. Die Steuer ist vom Erwerber zu entrichten (§ 30).

3. Die Schenkungssteuer. Schenkungen unter Lebenden unterliegen der gleichen Steuer wie der Erwerb von Todes wegen. (§ 40 des Ges.)

## § 19. Pflichten der Kreditgenossenschaften.

I. Anzeigepflicht.

1. § 59 des Gesetzes bestimmt:

„Wer sich geschäftsmäßig mit der Verwahrung oder Verwaltung fremden Vermögens befaßt, ist verpflichtet, Vermögen des Erblassers, das sich in seinem Gewahrsam befindet, und Vermögen, das bei ihm zur Verfügung des Erblassers hinterlegt ist, binnen einem Monat, nachdem er von dem Eintritt des Erbfalls Kenntnis erlangt hat, der Steuerbehörde nach näherer Vorschrift des Reichsfinanzminister der Finanzen mit Zustimmung des Reichsrats anzumelden. Die Ausantwortung darf frühestens eine Woche nach der Anmeldung erfolgen."

Diese Bestimmung findet Anwendung auf alle Kreditgenossenschaften, die sich geschäftsmäßig mit der Verwahrung fremden Vermögens befassen. Dazu gehören alle Geschäfte, auf die die Bestimmungen des Depotgesetzes vom 5. Juli 1896 Anwendung finden, also vor allem die Verwahrung von Sonderdepots, Sammeldepots und Summendepots. Auch die Aufbewahrung geschlossener Depots fällt hierunter. Die Vermietung von Schrankfächern gehört ebenfalls hierher, wobei es sich erübrigt, auf die Rechtsnatur dieses Vertrages, ob Mietvertrag, Verwahrungsvertrag oder gemischter Vertrag, näher einzugehen.

Mit der Verwahrung fremden Vermögens wird vielfach auch eine Verwaltung verbunden sein. Hier liegt eine Verwaltung fremden Vermögens im technischen Sinne vor. In der Annahme von Spargeldern gegen Verzinsung ist im allgemeinen wirtschaftlich und rechtlich keine Verwaltung fremden Vermögens zu erblicken. Im Sinne der vorliegenden Bestimmung wird aber dies trotzdem als Verwaltung fremden Vermögens zu gelten haben, so daß auch alle die Kreditgenossenschaften der Anzeigepflicht unterliegen, die eine Verwaltung fremden Vermögens im technischen Sinne nicht kennen.

2. Die Anmeldepflicht der Kreditgenossenschaften erstreckt sich auf das Vermögen des Erblassers, „das sich in ihrem Gewahrsam befindet und das bei ihnen zur Verfügung des Erblassers hinterlegt ist".

a) Die Genossenschaften haben mit der Anmeldung „die Vermögensgegenstände nach Zahl, Gattung und sonstigen Unterscheidungsmerkmalen, Wertpapiere nach dem Nennwert aufzuführen. Sind Vermögensstücke verschlossen verwahrt oder sind dem Erblasser zum Zwecke der Verwahrung Sicherheitsfächer unter seinem Mitverschlusse zur Verfügung gestellt, so hat sich die Anmeldung darauf zu beschränken, daß die Verwahrung besteht oder die Fächer zur Verfügung gestellt sind. Im letzteren Falle sind die Personen zu bezeichnen, die etwa nach der Bestimmung des Erblassers berechtigt sind, die Ausantwortung des verwahrten Vermögens zu fordern oder das Fach zu öffnen".

b) Nicht anzumelden sind dabei Geldguthaben des Erblassers. Dies wird seitens des Reichsfinanzministeriums bestritten. Die letzte Entscheidung darüber wird in den Händen des Reichsfinanzhofes liegen. Die Anmeldepflicht dieser Guthaben des Erblassers ist vor allem auch wegen der wirtschaftlichen Folgen abzulehnen.

Da die Ausantwortung der fremden Vermögensstücke erst eine Woche nach erfolgter Anmeldung geschehen darf, wäre die Genossenschaft z. B. nicht mehr berechtigt, vorkommende Wechsel oder Schecks des Erblassers vor Ablauf dieser Woche einzulösen. Die Erben des Verstorbenen wären nicht in der Lage, die für die Beerdigung des Verstorbenen notwendigen Beträge von dessen Guthaben abzuheben. Auch Geschäftsguthaben brauchen nicht angemeldet zu werden.

c) Die Anmeldung hat zu erfolgen binnen eines Monats, nachdem die Genossenschaft von dem Erbfall Kenntnis erlangt hat. Die Anmeldung ist an das zuständige Finanzamt — maßgebend ist regelmäßig der letzte inländische Wohnsitz oder Aufenthatsort des Erblassers — zu richten.

d) Sperrpflicht. Sofort nach Erlangung der Kenntnis von dem Todesfalle sind die offenen und verschlossenen Depots und Schrankfächer des verstorbenen Kunden zu sperren. Die Aushändigung der anmeldepflichtigen Vermögensgegenstände an die legitimierten Erben des Verstorbenen oder an sonstige Verfügungsberechtigte darf frühestens eine Woche nach dem Zeitpunkt erfolgen, in welchem nach Lage der Verkehrsverhältnisse der Eingang der Anmeldung bei dem zuständigen Finanzamt erwartet werden konnte. Testamente dürfen Schließfächern schon vorher entnommen werden. Bei Öffnung des Schließfaches ist aber genauestens darauf zu achten, daß nicht andere Gegenstände aus dem Schließfach entfernt werden.

e) Besondere Fälle:

1. Gemeinschaftliche Depots. Die Verpflichtung zur Anmeldung und Sperrung der verwahrten Vermögenswerte besteht auch dann, wenn das Depot oder Schließfach mehreren Personen, von denen nur eine verstorben ist, zur gemeinschaftlichen Verfügung zusteht, sei es, daß die Depotinhaber nur gemeinschaftlich über das Depot verfügen dürfen oder daß einem jeden von ihnen das volle und unbeschränkte Verfügungsrecht zusteht.

2. Vollmacht über den Tod hinaus. Wenn der Depotinhaber einem Dritten eine über seinen Tod hinaus gültige Vollmacht erteilt hat, oder wenn er einem Dritten das Verfügungsrecht für den Todesfall eingeräumt hat, so ist auch dieser Dritte oder der Bevollmächtigte vor Ablauf einer Woche nach erfolgter Anmeldung nicht berechtigt, die Ausantwortung des Depots zu verlangen.

3. Depot der Firma eines Einzelkaufmanns. Die Anmeldung und Sperrung ist erforderlich wie beim Privatnachlaßdepot, wobei es unerheblich ist, ob der Verstorbene Einzelkaufmann unter seinem Namen firmierte oder eine übernommene Firma unter dem bisherigen Namen (des Vorgängers) fortführte. Auch Prokuristen und Bevollmächtigte sind in der Verfügungsbefugnis gehindert.

## II. Umschreibung von Schuldverschreibungen.

Soweit ausnahmsweise Kreditgenossenschaften auf den Namen lautende Schuldverschreibungen (Hausanteilscheine werden im allgemeinen nicht darunter zu verstehen sein) ausgegeben haben, dürfen sie nach Eintritt des ihnen bekannt gewordenen Erbfalles die Schuldverschreibungen in ihren Büchern erst dann auf den Namen einer anderen Person umschreiben, wenn sie vorher der Steuerbehörde von der beantragten Umschreibung schriftlich oder zu Protokoll Mitteilung gemacht haben (§ 59 Abs. 2 des Ges.).

III. Haftung für die Steuer: Personen, in deren Gewahrsam sich Vermögen des Erblassers befindet, dürfen dieses Vermögen vor Berichtigung oder Sicherstellung der Nachlaßsteuer nicht in das Ausland bringen; sie haften in Höhe der ausgeantworteten Beträge für die Steuer (§ 19 Abs. 2 des Ges.). Die Vorschriften treffen auch juristische Personen, daher auch Kreditgenossenschaften, soweit sie Vermögen des Erblassers in Gewahrsam haben. Auf Guthabenforderung erstreckt sich auch diese Bestimmung nicht (vgl. oben unter I 2b).

# Dritter Abschnitt.

# Indirekte Steuern.

## Erster Titel.

## Grunderwerbssteuer.

### § 20. Die Steuer beim Eigentumsübergang.

Das Grunderwerbssteuergesetz vom 12. September 1919 (Reichsgesetzblatt 1919, Nr. 179, S. 1617), Ausführungsbestimmungen vom 14. Oktober 1919 (Zentralblatt für das Deutsche Reich, Nr. 42, S. 1177) ist in Kraft getreten am 1. Oktober 1919.

1. Beim Übergange des Eigentums an inländische Grundstücke wird eine Grunderwerbssteuer erhoben (§ 1 des Ges.). Den Grundstücken stehen gleich Berechtigungen, auf welche die Vorschriften des BGB. über Grundstücke Anwendung finden (z. B. Erbbaurecht, Erbpachtrecht); ausgenommen sind unbewegliche Bergwerksanteile (§ 2 des Ges.).

Die Steuerpflicht wird grundsätzlich begründet durch die Eintragung der Rechtsänderung in das Grundbuch (§ 4 des Ges.). Auch das zur Übertragung des Eigentums verpflichtende Veräußerungsgeschäft wird unter bestimmten Umständen schon steuerpflichtig (§ 5 des Ges.).

Die Steuer wird von dem gemeinen Wert des Grundstücks zur Zeit des steuerpflichtigen Vorganges berechnet (§ 11 des Ges.). Ist der Veräußerungspreis höher als der gemeine Wert des Grundstücks, so tritt er an die Stelle des gemeinen Werts (§ 12 des Ges.).

Die Steuer beträgt 4% (§ 17 des Ges.), wozu Zuschläge bis 2% seitens der Länder und Gemeinden kommen können (§ 34 des Ges.).

Zur Entrichtung der Steuer sind der Erwerber und der Veräußerer gesamtschuldnerisch verpflichtet (§ 20 des Ges.).

Die Eintragung des Rechtsüberganges in das Grundbuch darf erst stattfinden, wenn dem Grundbuchamt eine Bescheinigung der Steuerstelle beigebracht wird, daß die Steuer für den Eigentumsübergang gestundet oder sichergestellt ist (§ 24 des Ges.).

Eine Abwälzung der Steuer auf einen bestimmten Vertragskontrahenten kennt das Gesetz nicht. Wer also im internen Verhältnis die Steuer trägt, hängt von den privaten Abmachungen ab. Kreditgenossenschaften, die ein Grundstück erwerben, haben daher mit dieser Steuer zu rechnen.

2. Erwerb von Grundstücken unter besonderen Voraussetzungen:

a) Beim Übergang des Grundstücks im Wege der Zwangsversteigerung tritt an die Stelle des Veräußerungspreises bei Berechnung der Steuer der Betrag des Meistgebots, zu dem der Zuschlag erteilt wird, unter Hinzurechnung der vom Ersteher übernommenen Leistungen.

b) Vielfach werden die Kreditgenossenschaften gezwungen sein, zur Rettung ihrer Forderung und der dafür bestehenden Hypothek ein Grundstück in der Zwangsversteigerung zu erwerben. Hier sind Steuererleichterungen vorgesehen (§ 14 des Ges.).

Ist das Grundstück in der Zwangsversteigerung von einem Hypotheken-, Grundschuld-, Rentenschuld- oder Reallastgläubiger erworben worden, so hat die Oberbehörde (Landesfinanzamt) auf Antrag des Steuerschuldners zu bestimmen, daß die Steuer nur von dem Teile des gemeinen Werts des Grundstücks oder des Meistgebots erhoben wird, welcher den Gesamtbetrag der Hypotheken-, Grundschuld-, Rentenschuld- oder Reallastforderung des Erwerbers und der dieser vorgehenden gleichartigen Forderungen übersteigt (§ 14 des Ges.).

Vorliegen müssen aber drei Voraussetzungen, und zwar gleichzeitig. Es muß sich aus den Umständen ergeben:

1. daß der Erwerb des Grundstücks erfolgte, um die Hypothek, Grundschuld, Rentenschuld oder Reallast zu retten und kein Anhalt besteht, daß der Erwerber sich die Hypothek, Grundschuld, Rentenschuld oder Reallast zur Ersparung von Abgaben bei dem beabsichtigten Erwerbe des Grundstücks habe bestellen oder abtreten lassen, und
2. daß die Hypothek, Grundschuld, Rentenschuld oder Reallast dem Erwerber bereits seit einem Jahr vor der ersten Beschlagnahme des Grundstücks zustand. Dabei ist die Zeit, in der die Hypothek, Grundschuld Rentenschuld oder Reallast einem Erblasser des Erwerbs oder seines Ehegatten zustand, diesem anzurechnen; und ferner
3. entweder das Meistgebot oder der Gesamtbetrag im vorstehenden Sinne mindestens achtzig vom Hundert des gemeinen Wertes des Grundstücks beträgt.

Es kommt also z. B. zum vollen Erlaß der Steuer, wenn das Meistgebot nicht einmal die Hypothek, oder nur die Hypothek des Erstehers voll deckt.

c) Einen Erlaß aus Billigkeitsgründen kennt dann noch § 35 des Gesetzes. Es ist ein entsprechender Antrag zu stellen. Bei der Entscheidung solcher Anträge sollen insbesondere diejenigen Fälle berücksichtigt werden, in denen der Erwerb von Grundstücken durch einen Hypotheken-, Grundschuld-, Rentenschuld- oder Reallastgläubiger zur Rettung seiner Hypothek, Grundschuld, Rentenschuld oder Reallast erfolgt. Ein solcher Rettungskauf kann auch außerhalb der Zwangsversteigerung im freihändigen Verkehr erfolgen und wird dann durch § 14 des Gesetzes nicht gedeckt.

## § 21. Besteuerung der „toten Hand". Verhältnis zu anderen Steuern.

1. Die Steuer wird auch erhoben, wenn bei inländischen Grundstücken, die im Eigentume von Personenvereinigungen, Anstalten oder Stiftungen aller Art oder für diese im Eigentum einer natürlichen Person zu treuen Händen stehen, zwanzig Jahre seit dem Erwerbe oder dem letztmaligen Eintritt der Steuerpflicht nach dieser Vorschrift verflossen sind (§ 10 des Ges.).

Die Steuer beträgt hierbei 2 % vom gemeinen Wert des Grundstücks zur Zeit der Steuerpflicht (§ 17 des Ges.).

Erstmalig wird die Steuer erhoben am 1. Januar 1920 oder an dem später seit Inkrafttreten des Gesetzes liegenden Tage, an dem ein zehnjähriger Zeitraum seit dem Erwerbe abläuft (§ 28 des Ges.). Die Steuer wir das erstemal nur in Höhe von 1 % erhoben.

Steuerschuldner ist der Eigentümer des Grundstückes (§ 20 des Ges.).

a) Unter „Personenvereinigungen" sind auch Genossenschaften zu verstehen. Kreditgenossenschaften mit eigenen Geschäftshäusern oder sonstigem Grundbesitz unterliegen somit auch dieser Steuer der „toten Hand".

b) Es wird vielfach für die Genossenschaften nicht möglich sein, diese Steuer aus dem Gewinn des Jahres, in dem die Steuer fällig wird (spätestens also am 1. Januar 1929) zu zahlen, so daß sich bereits jetzt schon jährliche Rückstellungen für diese Steuer empfehlen. Der zurückgestellte Betrag für die künftig fällig werdende Steuer soll nach der Erklärung der Regierung als „abzugsfähige Erwerbungskosten" angesprochen werden, und daher nicht als ein Teil des Reingewinns des betreffenden Jahres angesprochen werden, wie das nach der bisherigen Rechtsprechung meistens der Fall war.

c) Die Genossenschaften haben mindestens zwei Monate vor Ablauf des zwanzigjährigen Zeitraums der Steuerbehörde Anzeige zu erstatten (§ 28 des Ges.).

2. Verfahren:

Die Steuerstelle, die über die Rechtsvorgänge durch die anzeigepflichtigen Stellen, z. B. Grundbuchämter, Notare usw. (§ 25 des Ges.) Nachricht erhält, stellt die Steuer fest und erteilt dem Steuerpflichtigen einen Steuerbescheid.

Die Steuer ist binnen zwei Wochen zu zahlen. Wird nicht innerhalb drei Monaten Zahlung geleistet, so sind 5 % Zinsen zu entrichten (§ 20 des Ges.).

Die zulässigen Zuschläge der Länder und Gemeinden (§ 34 des Ges.) können nach sachlichen Merkmalen der Grundstücke abgestuft sein, insbesondere sind sie befugt, unbebaute Grundstücke im voraus zu entlasten.

3. Verhältnis zu anderen Steuergesetzen:

a) Wertzuwachssteuer: Die Wertzuwachssteuer auf Grund des Gesetzes vom 14. Januar 1911 wird als Reichssteuer seit dem Reichsgesetz vom 3. Juli 1913 nicht mehr erhoben. Das Gesetz als solches besteht noch. Die Bundesstaaten können seine Vorschriften auch durch andere Steuern ersetzen, was vielfach geschehen ist. In manchen Bundesstaaten, vor allem in Preußen, gilt das Reichszuwachssteuergesetz. Es werden 50 % der Sätze dieses Gesetzes erhoben, und zwar 40 % für die Gemeinden, 5 % als Erhebungsvergütung, also auch für die Gemeinden, und 5 % für den Staat. Manche Gemeinden haben noch 100 % Zuschlag auf den Gemeindeanteil gesetzt. Diese Steuern bleiben weiter bestehen.

b) Umsatzsteuergesetz: Die Umsatzsteuer tritt nach diesem Gesetz nur ein, wenn der „Lieferer", also Veräußerer des Grundstücks, die Veräußerung innerhalb seines Gewerbebetriebes vornimmt.

c) Sonstige Steuern: Die Vorschriften des Reichsstempelgesetzes (Tarifstelle 11) der Landesgesetze (z. B. Tarifstelle 32 des preußischen Stempelgesetzes vom 30. Juni 1909) und der Satzungen der Landgemeinden, welche

Erhebung einer Abgabe von Grundstücksübertragungen oder der in § 10 (Besteuerung der „toten Hand") genannten Art betreffen, sind mit Wirkung vom 1. Oktober 1919 außer Kraft getreten. Neue derartige Abgaben dürfen von Ländern oder Gemeinden nicht eingeführt werden (§ 37 des Ges.).

## Zweiter Titel.

# Umsatzsteuer.

### § 22. Steuerpflichtige Geschäfte der Kreditgenossenschaften.

Das Umsatzsteuergesetz vom 24. Dezember 1919 (Reichsgesetzblatt 1919, Nr. 250, S. 2157) ist in Kraft getreten am 1. Januar 1920. Über das Umsatzsteuergesetz im einzelnen vgl. „Steuerrecht und Genossenschaften", II. Teil.

I. Auch für Kreditgenossenschaften ist das neue Umsatzsteuergesetz von Bedeutung, weil gewisse seitens der Kreditgenossenschaften getätigte Geschäfte ebenso wie in dem alten Umsatzsteuergesetz vom 26. Juli 1918 umsatzsteuerpflichtig sind.

§ 2 Ziffer 2 des Gesetzes bestimmt zwar zunächst:

„Von der Besteuerung sind ausgenommen Kreditgewährungen und Umsätze von Geldforderungen, insbesondere von Wechseln und Schecks sowie von Wertpapieren, Anteilen von Gesellschaften und sonstigen Vereinigungen, Banknoten, Papiergeld, Geldsorten und von inländischen amtlichen Wertzeichen."

Damit sind die wichtigsten Geschäfte der Kreditgenossenschaften von der Umsatzsteuer freigestellt.

Als Kreditgewährungen unterliegen somit nicht der Umsatzsteuer: Kontokorrent-, Diskonto-, Lombard- und Hypothekengeschäft; vom Passivgeschäft das Depositengeschäft. Auch der Devisen- und Valutenhandel ist steuerfrei. Beim Effektengeschäft, das sich in der Regel als Kommissionsgeschäft vollzieht, liegen zwei steuerfreie Effektenumsätze vor. Ebenso ist das Gründungs- und Emissionsgeschäft steuerfrei.

Als steuerpflichtige Geschäfte bleiben aber:

1. Das Zahlungs- und Einziehungsgeschäft. Es kommt jedoch auf die Form an, in der das Geschäft abgewickelt wird. Im allgemeinen handelt es sich um einen Werkvertrag. Es ist dann nur die Provision umsatzsteuerpflichtig. Ebenso ist das Wechseleinziehungsgeschäft umsatzsteuerpflichtig, wenn der Inkassomandatar lediglich durch Prokuraindossament mit der Einziehung betraut ist. Ist er fiduziarischer Eigentümer durch stilles Prokuraindossament geworden, liegt eine steuerfreie Abtretung einer Geldforderung vor. Die Steuer beträgt $1^1/_2$ % des bezahlten Entgelts.

2. Die Übernahme der Kontrolle von Auslosungen: Auch hier beträgt die Steuer $1^1/_2$ % des dafür vereinnahmten Entgelts.

3. Das Depotgeschäft: Die Bestimmungen über die Steuerpflicht des Depotgeschäfts sind in dem neuen Umsatzsteuergesetz erweitert worden. § 25 erhöht die Steuer auf 10 % des Entgelts bei der Aufbe-

wahrung von Geld, Wertsachen, Wertpapieren und Gegenständen der in § 21 Nr. 1 bis 3 des Ges. (Kunstgegenstände, Schmucksachen usw.) bezeichneten Art. Damit fällt sowohl der Schrankfachvertrag wie auch das offene oder verschlossene Depot unter diese Bestimmung. Im einzelnen ist bestimmt:

a) Ist neben der Verwahrungstätigkeit auch eine Verwaltungstätigkeit übernommen, so wird dadurch die erhöhte Steuerpflicht nicht berührt. Das gesamte Entgelt, auch soweit es sich als Gebühr für die Verwaltungstätigkeit, z. B. Kontrolle für Auslosungen darstellt, ist umsatzsteuerpflichtig.

b) Bei der Entgegennahme von geschlossenen Depots oder bei der Vermietung von Schrankfächern durch Banken, Sparkassen oder ähnliche Geldinstitute (Kreditgenossenschaften) ist es für die Steuerpflicht gleichgültig, ob es sich tatsächlich um die Verwahrung der genannten Gegenstände handelt.

c) Das Depotgeschäft von Kreditinstitut zu Kreditinstitut ist steuerfrei, z. B. wenn eine Genossenschaft bei einer anderen die Effekten aufbewahren läßt.

Die Depotsteuer erlangt infolge des durch den Depotzwang besonders gesteigerten Effektendepotgeschäfts erhöhte Bedeutung.

II. Berechnung und Erhebung der Steuer:

1. Kreditgenossenschaften, die umsatzsteuerpflichtige Geschäfte vornehmen, haben dies zwei Wochen nach Beginn ihrer Tätigkeit der Steuerbehörde anzuzeigen. Wenn sie Depotgeschäfte betreiben, haben sie dies anzugeben. Nehmen sie das Depotgeschäft später auf, so haben sie die Anzeige zu ergänzen.

2. Die Steuerpflichtigen sind verpflichtet, zur Feststellung der Entgelte, Aufzeichnungen zu machen. Aus den Aufzeichnungen muß zu ersehen sein, wie sich die vereinnahmten Entgelte auf die verschiedenen Steuersatz-Gruppen verteilen. Es sind somit die Entgelte für die Geschäfte unter I, 1—3, getrennt aufzuzeichnen. Bei der bei Kreditgenossenschaften üblichen Buchführung wird das meistens schon der Fall sein. Schwierigkeiten werden den Genossenschaften hieraus nicht erwachsen.

3. Die Steuerberechnung erfolgt nach der Gesamtheit der innerhalb des Steuerabschnitts vereinnahmten Entgelte. Der Steuerabschnitt beträgt für die allgemeine Umsatzsteuer ein Kalenderjahr, für die Depotsteuer ein Vierteljahr. Erleichterungen werden angestrebt. Sind Rückgewährungen von den Entgelten erfolgt, so werden sie von der Gesamtheit der Entgelte abgesetzt in dem Steuerabschnitt, in dem sie erfolgt sind.

4. Das alte Umsatzsteuergesetz ist mit dem 31. Dezember 1919 außer Kraft getreten, vorbehaltlich der Erhebung der Steuer für das Kalenderjahr 1919. Soweit die Erhebung der Steuer alljährlich erfolgt, findet das neue Umsatzsteuergesetz erstmalig im Januar 1920 Anwendung.

Soweit Kreditgenossenschaften bereits vor dem 31. Dezember 1919 Entgelte für Depotgeschäfte usw. für 1920 erhoben haben, findet das neue Umsatzsteuergesetz auf diese Entgelte noch keine Anwendung.

2252. Berliner Buch- und Kunstdruckerei G. m. b. H., Berlin W 35 — Zossen

Vereinigung wissenschaftlicher Verleger
Walter de Gruyter & Co., Berlin W 10.

# Genossenschaftliche Zeit- und Streitfragen

Begründet von Ludolf Parisius und Dr. Hans Crüger. Fortgeführt von Dr. Hans Crüger.

Heft 1. **Kreditgenossenschaften** nach Schulze-Delitzsch. Von Ludolf Parisius. Zweite, umgearbeitete Auflage. 60 Pf.

Heft 2. **Rohstoffgenossenschaften** der Handwerker und Anleitung zur Buchführung einer Rohstoffgenossenschaft. Von Dr. Hans Crüger und H. Jäger. 1 M.

Heft 3. **Umsatzsteuer und Konsumvereine.** Von Dr. Joh. Wernicke. 60 Pf.

Heft 4. **Schulze-Delitzsch und Alwin Soergel.** Beiträge zur Geschichte der deutschen Genossenschaftsbewegung. Von Ludolf Parisius. 1 M. 25 Pf.

Heft 5. **Die internationalen Genossenschafts-Kongresse** in Paris im Jahre 1900. Von Anwalt Dr. Hans Crüger. 2 M. 50 Pf.

Heft 6. **Die Untersuchung der Nahrungs- und Genußmittel.** Nach Vorträgen auf den Unterverbandstagen bearbeitet zum Gebrauch für Konsumvereine. Von Nahrungsmittelchemiker Willy Meyer. 60 Pf.

Heft 7. **Vorträge zum Bürgerlichen Gesetzbuch u. Handelsgesetzbuch,** gehalten auf den Allgemeinen Genossenschaftstagen der deutschen Erwerbs- und Wirtschaftsgenossenschaften. Von Justizrat A. Gebhart. 1 M.

Heft 8. **Kritische Bemerkungen zu Entwicklungstendenzen** im deutschen Genossenschaftswesen. Von Anwalt Dr. Hans Crüger. 1 M.

Heft 9. **Die ersten fünfzig Vereins- und Genossenschaftstage** des Allgemeinen Verbandes der auf Selbsthilfe beruhenden deutschen Erwerbs- und Wirtschaftsgenossenschaften. Von Anwalt Dr. Hans Crüger. 2 M. 25 Pf.

Heft 10. **Grundlehren u. Erfahrungen der Handwerkergenossenschaften** Zusammengestellt auf Grund der Verhandlungen der Allgemeinen Genossenschaftstage. Von Anwalt Dr. Hans Crüger. 1 M. 75 Pf.

Heft 11. **Die deutsche Genossenschaftsbank** von Soergel, Parisius & Co. und der Giroverband der deutschen Genossenschaften. Ein Beitrag zu den Fragen des genossenschaftlichen Großbankkredits und der genossenschaftlichen Zentralkassen. Von F. Thorwart. 2 M.

Heft 12. **Durchführung der Verbandsrevisionen.** Von Anwalt Dr. Hans Crüger. 75 Pf.

Heft 13. **Steuer- und Stempelrecht der gemeinnützigen Baugenossenschaften in Reich, Staat und Gemeinde.** Von Dr. jur. K. Lade. 1 M.

Heft 14. **Kriegsgesetzgebung.** Die aus Anlaß des Krieges erlassenen Gesetze und Verordnungen. Von Ad. Crecelius, stellvertretendem Anwalt. 1 M.

Heft 15. **Genossenschaften und Kriegsstatistik.** Statistische Erhebungen bei den Genossenschaften des Allgemeinen Verbandes. Mit graphischen Darstellungen. Von Dr. E. H. Meyer, 1. Sekretär des Allgemeinen Verbandes. 1 M.

Heft 16. **Buchführung für Lieferungsgenossenschaften** und ähnliche Genossenschaftsarten nach amerik. System. Von Ad. Renke und Ad. Kröger. 5 M.

Verlagsteuerungszuschlag 75 %

FSC
www.fsc.org
MIX
Papier | Fördert gute Waldnutzung
FSC® C083411

Kolibri 360 GmbH
Ferdinand-Jühlke-Straße 7
99095 Erfurt, Deutschland
produktsicherheit@kolibri360.de